创新与创业

主　编　熊德章　李　静　刘盛坤

副主编　周世兵　史　恒

彭　早　杨作亚

重庆大学出版社

内容提要

本书以培养学生的创新创业能力为宗旨，倡导案例式、启发式教学模式。本书以习近平总书记新时代中国特色社会主义思想为指引，全面贯彻习近平总书记系列重要讲话精神和治国理政新理念、新思想、新战略，深刻领会全国高校思想政治工作会议精神。本书案例围绕近年来党和国家的政策及各类与创新创业有关的经济现象，选取了大量生动鲜活的案例材料，充分体现内容的时代性、专业性、职业性和实践性。本书包括9个部分，分别是创新与创业概述，国内创新与创业政策、环境与态势，创新与创业思维的培养，创新与创业主体，创新与创业的机会与风险，创新与创业企业开办，创新与创业的商业模式，创新与创业计划书，创新与创业成功与失败分析。

本书适合高职高专与应用型本科学生及社会职场人士学习使用。

图书在版编目(CIP)数据

创新与创业／熊德章，李静，刘盛坤主编. -- 重庆：重庆大学出版社，2020.1

ISBN 978-7-5689-1217-4

Ⅰ.①创… Ⅱ.①熊… ②李… ③刘… Ⅲ.①大学生—创业 Ⅳ.①G647.38

中国版本图书馆CIP数据核字(2018)第148256号

创新与创业

主　编　熊德章　李　静　刘盛坤
副主编　周世兵　史　恒
彭　早　杨作亚
策划编辑：周　立
责任编辑：李桂英　黄菊香　　版式设计：周　立
责任校对：王　倩　　责任印制：张　策

*

重庆大学出版社出版发行
出版人：饶帮华
社址：重庆市沙坪坝区大学城西路21号
邮编：401331
电话：(023) 88617190　88617185(中小学)
传真：(023) 88617186　88617166
网址：http://www.cqup.com.cn
邮箱：fxk@cqup.com.cn (营销中心)
全国新华书店经销
重庆俊蒲印务有限公司印刷

*

开本：787mm×1092mm　1/16　印张：10.25　字数：221千
2020年1月第1版　2020年1月第1次印刷
ISBN 978-7-5689-1217-4　定价：29.50元

前言

在“大众创业、万众创新”的背景下，全国创新创业活动开展得如火如荼。宏观上，经济增长依赖于创新创业的不断发展；微观上，比尔·盖茨和乔布斯辍学创业的故事也给了人们极大的想象空间。尤其是对于青年学子，层出不穷的奇思妙想、充满激情的冲动以及实现财务自由的美好愿景让他们摩拳擦掌、热血沸腾，随时准备投入到创新创业的时代大潮中去。与此同时，各个高校也纷纷设立与创新创业有关的课程，定期举办创新创业大赛，风靡一时的共享单车就是来自大学生创新创业比赛的项目。

然而，单凭一腔热血是很难成功的。在所有创业项目中，大学生创业成功的案例屈指可数，而折戟沉沙者比比皆是，这种现象不得不引起我们反思。笔者曾经在企业工作过多年，并且在相当长一段时间内都负责项目投资，在此期间接触了大量的创业项目，深知创业之不易。考虑到大学生热情有余而社会经验有限的现实背景，更需要提醒他们审慎面对创业可能遇到的种种困难。基于以上原因，本书不打算做成一本创业的项目管理教材，而是从抽象的原理、政策环境和思维培养出发，从一般意义上探讨创新与创业的含义以及对人类及个人的意义。只有在对创新创业的意义有深刻把握的基础上，创业者才不至于为了实现财务自由而过于盲目冲动，也不至于在遭遇挫折时过于悲观沮丧。同时，创业不是凭空进行的，而是在特定的市场环境中进行的，深入分析这些环境是创新创业成功的基础。

创新与创业的思维培养是创业者的必修课。亦步亦趋地复制他人的创业历程固然很难获得成功，盲目的异想天开同样也容易导致失败，创新创业的思维养成是有规律可循的，对这一点怎么强调都不过分。同时，创新创业的主体是活生生的人，并且绝大多数时候是一个团队在集体运作。创新创业的成功，很大程度上要依赖于创业团队成员之间的构成和配合，因此创新创业团队作为影响成功的重要因素，不可不察。

成功是多种因素凑在一起的偶然，而失败则是违反了创新创业规律中的一条或者几条后的必然。因此，深入思考创新创业背后的逻辑机理，审慎考察宏观和微观环境，以及项目本身蕴含的机会和风险很有必要。虽然任何创业者都无法穷尽所有的机会和风险，但是这并不意味着不需要进行分析，相反分析得越充分，成功的可能性就越大，失败的风险就越小。创新与创业落实到最后都必须以开办企业的形式来实现，本书针对这个流程专门设立了一个项目。商业计划书的撰写，一方面是为了进一步规范创业者的分析方法，另一方面也是为了吸引外部投资者，这也是创新创业项目必备的要件。

他山之石，可以攻玉，充分借鉴他人成功的经验和失败的教训也十分重要。当然，由于市场是动态变化的，过去成功的经验并不意味着未来还可以重复，或者可以换个地方复制，所以在借鉴他人经验教训的同时也要充分考察不断变化的市场环境和技术条件等影响因素，并从中总结出更具有一般性的规律。

除了从抽象到具体的编排特点外，本书的另一个特点是案例丰富，每一项目开篇都有案例导入，方便读者通过对案例的阅读思考进入与本项目相关的知识和技能的学习，同时在每一个具体的知识点上也贯穿了更为具体的案例。

本书由重庆城市管理职业学院熊德章、李静和刘盛坤担任主编，共同设计体例、大纲和框架；由重庆城市管理职业学院周世兵、史恒、彭早和杨作亚担任副主编。具体编写分工为：熊德章编写项目一，史恒编写项目二，李静编写项目三，彭早编写项目四，徐水婵编写项目五，刘坤编写项目六、七，杨作亚编写项目八，周世兵编写项目九。

本书编写过程中参考了大量专家学者、新闻记者和自媒体人的文章、论著和教材，在此深表谢忱。同时感谢为本书编写出版提供了帮助的所有朋友！

虽然我们尝试着做出一些创新和探索，但是由于水平有限，书中难免存在不足与疏漏，恳请各位专家学者、老师和同学们批评指正，以便再版时修改。

编　者

2019 年 10 月

目 录

创新与创业概述

知识目标

1. 了解创新的含义。
2. 了解创业对人生的意义。

技能目标

1. 能够掌握创新的分类以及对人类进步的作用。
2. 掌握创新与创业的关系。

学习重点

1. 创新与创业对国家、社会的意义。
2. 创新的实现方法。

学习难点

1. 制度创新的意义。
2. 如何进行制度创新。

案例导入

玻璃产业中的创新

正如我们看到的那样，大多数房屋、办公室、酒店和商场都有大量的玻璃窗户，玻璃制造是一个高利润的行业，并且存在的历史不少于600年。然而，在过去的600多年间，玻璃的加工方法基本没有发生变化。人们首先将玻璃加工成扁平的薄片，然后打磨光滑，直到人们能够通过它看到自己为止。在这个过程中，打磨的方法一直在改进，从劳动密集型逐步过渡到机器加工，最后实现全自动化，打磨的工具和砂纸也变得越来越复杂且高效。打磨玻璃片平面一直是玻璃加工的核心流程。

1952年，阿拉斯泰尔·皮尔金顿开始研究并改进玻璃制造流程。他发现油脂漂浮在水的表面，这个现象给了他新的启迪。于是他开始思考，如果将其他液体留在玻璃熔液表面，或许不经过打磨和抛光就可以制造出表面平滑的玻璃。

试验进行得并不顺利，公司花了5年时间，报废了超过100 000吨玻璃，才获得一种试行工艺。在接下来的两年中，公司开始销售这种浮法工艺制造出来的玻璃。因为新工艺不需要打磨和碾压等设备与工艺过程，节约了八成的劳动力和一半的能耗。运用新的工艺加工玻璃，不仅可以把工厂设计得更小，而且生产玻璃的时间也显著减少了。这项工艺获得了巨大的成功，以至于从那以后，浮法工艺一直都是全世界范围内占主导地位的玻璃生产方法。

任务一 创新的含义、类型和意义

一、创新的含义

创新是近年来使用最频繁的词之一。创新一词起源于拉丁语，是以新思维、新发明和新描述为特征的一种概念化过程。创新主要包括三层含义：第一，更新；第二，创造新的东西；第三，改变。简单地说，创新是利用现有资源或者社会要素创造新的矛盾共同体的行为，是对旧的一切进行的替代或覆盖，是人类认识能力和实践能力的表现形式。

在经济学上，美籍奥地利经济学家约瑟夫·熊彼特最早认识到创新的意义和作用，他在1912年出版的《经济发展理论》一书中首次提出了“创新”这一概念，揭示了创新、经济增长与社会发展及其经济周期之间的关系。熊彼特认为，创新就是把生产要素和生产条件的新组合引入生产体系之中，建立一种新的生产函数并获取利润。具体地讲，创新包含以下五种情况：

①采用一种新的产品——消费者还不熟悉的产品——或一种产品的一种新的特性。

②采用一种新的生产方法，也就是在有关的制造部门中尚未通过经验检定的方法，这种新的方法不需要建立在科学的新发现基础之上，并且，也可以存在于商业上处理一种产品的新方式之中。

③开辟一个新的市场，也就是有关国家的制造部门以前不曾进入的市场，不管这个市场以前是否存在过。

④掠取或控制原材料或半制成品的一种新的供应来源，不管这种来源是已经存在的，还是第一次被创造出来的。

⑤实现任何一种工业的新组织，比如造成一种垄断地位（如通过“托拉斯化”），或打破一种垄断地位。

后来人们将熊彼特这一段话归纳为五个创新，依次对应为产品创新、技术创新、市场创新、资源配置创新、组织创新。

在熊彼特的基础上，人们又将创新细化，并提出了技术创新、产品创新、过程创新、营销创新、市场创新、制造创新、体制创新和金融创新等一系列概念，并且把企业层面的微观创新活动上升到宏观的国家层面，把各种创新看作一个系统，提出了国家创新体系的概念。

熊彼特意义上的创新，在具体活动方面，体现为上文提到的五种情况；在组织方面，体现为创新的活跃和创新意识及精神；在国家方面，则表现为创新型国家的建设。

二、创新的类型

创新有大小之分，也有层次之分，但是没有领域和范围的限制。创新的种类无穷无尽，按照创新的属性可以分为知识创新、产品创新、管理创新和营销创新四大类。

知识创新体现为对现有知识构成要素进行新的组合或分解，是在现有知识基础上进行的改进、发展、发明或创造。知识是人们在探索、利用或改造世界的实践中所获得的认识和经验的总和，一般分为自然科学知识和社会科学知识，因此知识创新又可分为自然科学知识的创新和社会科学知识的创新。

产品创新是指性能和特征上的全新或者显著改进的产品或服务，包括全新的产品和性能显著改进的产品两种类型。比如有线电话通信从根本上改进了人类的通信方式，是一种全新的产品。而近年来开始兴起的智能手机则是在传统手机的基础上增加了无线互联网的功能，它可以使人们在任何时间、任何地点都可以便捷地收集网络上提供的任何资讯，充分展示了信息时代的通信便捷，是一种性能的显著改进。

管理创新是指组织形成一种创造性思想并将其转换为有用的产品、服务或作业方法的过程，把新的管理要素（如新的管理知识、管理制度、管理手段或管理模式）或要素组合引入企业管理系统以实现有效组织目标的活动。

营销创新是指根据营销环境的变化情况，并结合企业自身的资源条件和经营实力，寻求营销要素在某一方面或某一系列的突破或变革的过程，如采用新的营销方法，包括营销理念、产品设计或包装、分销渠道和促销方式等方面的显著改进。比如随着移动互联网的推广，以前的厂商到分销商再到消费者的分销模式已经不能满足时效性、经济性的要求，制造企业通过互联网直接与消费者达成购买协议，产品也从普适性模式变成对个性化需求的满足。在营销创新过程中，并非要求一定要有创造发明，只要能够适应环境，赢得消费者的青睐且不触犯法律、法规和通行惯例，同时又能被企业所接受，那么这种营销创新即是成功的。还需要说明的是，最终能否实现营销目标，不是衡量营销创新成功与否的唯一标准。

案例 1

华为是如何通过管理制度促进创新的？

创新是华为从一家以销售交换机起家的小公司发展为今天全球知名的通信设备供应商所依仗的法宝。在华为，创新不是口号，而是通过合适的管理制度设计，让大家自觉参与创新。

华为实施了“小改进大奖励”的措施，让华为人感知到创新是触手可及的。每当员工有或大或小的改进，华为就会给予员工相应的物质和精神奖励。员工立足于本职工作，进行点滴的改进，会对整体项目的效率有很大提升。同时，这些改进的创新成果也会推广应用到其他项目组乃至于其他产品线上。

华为的荣誉部是专门负责对员工进行考核、评奖的部门，目的是挑选创新榜样。金牌奖是奖励为公司持续的商业成功做出重大和突出贡献的团队与个人，是公司授予员工的最高荣誉。金牌奖每年年末评选一次，获奖代表可以获得与公司高层合影的机会。重大、及时的荣誉激励是为了奖励在公司发展的特殊节点做出突出贡献、表现出色的团队和个人。华为的荣誉奖有两个特点：第一，获奖面广、获奖人数多，有些员工甚至会在自己毫无察觉的情况下获得公司的某种奖励。只要有自己的特点，工作有业绩，员工就能得到荣誉奖，新员工有进步奖，参与完成一个项目有项目奖等。第二，精神激励和物质激励紧密结合。获得荣誉奖的员工，不仅可以得到一定的物质奖励，而且可以作为典型事例在全公司甚至公开报道，以宣传员工对公司奉献的“英雄事迹”。

“小改进大奖励”对华为公司来说，是一个长远而非短期的战略。每一个改进都是为了提高公司核心竞争力：一要提高产品的质量，二要提高工作效率，三要降低成本。坚持“小改进”的每一步，都不能偏离满足客户需求这个主方向。

华为还通过岗位轮换制度，迫使员工在不熟悉的岗位上创新。根据马斯洛的需求层次理论，个人需要的最高层次是自我实现和自我发展的需要。现在的“90后”年轻人在找工作时不仅看中薪水、兴趣，也越来越重视职业发展。在华为这样的高科技企业里，员工的低层次需要往往已基本得到满足，员工更关注的是个人的未来发展，比如在企业内部的职级发展。为了保持员工持续的动力，华为用企业内部的职业发展阶梯，引导员工产生渐近式的发展。员工只有将自己的未来与企业的未来相结合，主动奉献和勇于当责，才能成为企业的创新之源。

岗位轮换是华为职业发展中的重要一环，也是激励员工创新的有效方式。员工通过对产品线每一环节的亲身历练，积累实际经验，学会从全局思考；同时，员工到了新的岗位上，面对不熟悉的工作，就不得不作出创新来完成陌生的工作。从另一方面来说，面对新的环境也会让华为人更容易发现工作中的问题，可以创造性地对其进行改进，提供完成项目的新方法。如果这种创新方法经过检验是可行的，那么华为会将其流程固化，以便于其他员工共同学习。岗位轮换还实现了人员的有序流动。人员流动是公司合理配置人力资源的方式，也是企业产生创新的秘诀。

不可否认，岗位的变动不是一件轻松的事。员工需要时间去适应，甚至有时候会经历痛苦。迅速地适应新岗位，不仅是一种能力、一种挑战，更是通过这种适应，企业才能培养和造就一批又一批具有创新能力、着眼全局观念的人才。

在追求创新的过程中，不可避免也会出现错误。所有的创新都是从奇思妙想开始的，都不是从现成的经验里得来的。一个成功产品的背后一定有着无数失败的经验，然而，不是每一朵创造之花都会结果，千百次的错误，也不一定会有一次成功。

员工在探索的过程中，企业容错空间越大，那么创新的可能性就越大。如[illegible]那么基层的员工就会产生害怕出错的心理，遇到下达的任务只会按照指[illegible]己的想法，缺乏创新的意识与勇气。

华为为了保障创新的产生，致力于营造一个开放、鼓励尝试和容错的氛[illegible]项目管理领域有个重要的假设，通常用于判断项目经理的领导力和决策力，就是[illegible]项目中做错误的决策比不做决策好”。在华为获得“蓝血十杰”称号的项目经理王海瞰曾分享过他多次“错”的经历：被狂怒的客户拍着桌子从办公室里骂出去过，被客户 CEO 一直投诉到公司管理层，也被公司审计、稽查访谈好几轮，也按制度挨过批评、罚款和问责，但这些都不妨碍他拿到多块项目金牌和华为“蓝血十杰”称号。华为有容错的土壤和文化，而且正是这些容错的空间让华为人有了创新的可能。

华为正视容错和创新，但是容错并不代表宽容。任正非在答“2012 实验室”科学家问的会上曾说：“在创新问题上，我们要更多的宽容失败。宽容失败也要有具体的评价机制，不是所有的领域都允许大规模的宽容失败，因为你们是高端研究领域，我认为模糊区域更多。有一些区域并不是模糊的，就不允许他们乱来，比如说工程的承包等都是可以清晰数量化的，做不好就说明管理能力低。但你们进入的是模糊区域，我们不知道它未来会是什么样子，会做成什么。因此，你们在思想上要放得更开，你可以到外面去喝咖啡，与人思想碰撞，把你的感慨写出来，发到网上，引领一代人思考。也许不只华为看到你了，社会也看到你了，没关系，我们是要给社会做贡献的。当你的感慨可以去影响别人的时候，别人就顺着一路走下去，也许他就走成功了。所以在创新问题上，更多的是一种承前启后。”

案例 2

福特公司的生产模式创新

亨利·福特(1863—1947),出生于密歇根州的迪尔伯恩,是美国著名企业家,被称为"为世界装上轮子的人"。1903 年,亨利·福特创立了福特汽车公司,1908 年公司生产出世界上第一辆 T 型车。1913 年,该公司又开发出了世界上第一条流水线。在福特公司开发出流水线之前,汽车生产主要是手工作坊式的,在这种生产模式下,每装配一辆汽车要 728 个人工小时,当时汽车的年产量大约 12 辆。这一速度远不能满足巨大的消费市场的需求,所以使得汽车成为富人的象征。汽车价格高让穷人望尘莫及,汽车制造商也无法扩大市场规模。福特的梦想是让汽车成为大众化的交通工具,要达到这个目标,提高生产速度和生产效率是关键。只有降低成本,才能降低价格,使普通百姓也能买得起汽车。

传统的生产流程是这样的:用冲床将钢板压成车的外壳⇨车体倒转进行焊接⇨加装车门及车盖⇨除去钢板的毛边与暗号⇨防锈处理及车体喷漆⇨装配大梁、防震、传动以及引擎⇨内部装潢⇨加装散热器(水箱)、油压系统、燃料系统以及车轮⇨试验⇨出厂。

福特应用创新理念和反向思维逻辑提出在汽车组装中,汽车底盘在传送带上以一定速度从一端向另一端前行。前行中,逐步装上发动机、操控系统、车厢、方向盘、仪表、车灯、车窗玻璃、车轮,这样一辆完整的车就组装完成了。第一条流水线使每辆 T 型汽车的组装时间由原来的 12 小时 28 分钟缩短至 90 分钟,生产效率提高了 8 倍!

流水线是把一个重复的过程分为若干个子过程,每个子过程可以和其他子过程并行运作。福特的流水线不仅把汽车放在流水线上组装,也花费大量精力研究提高劳动生产率。福特把装配汽车的零件装在敞口箱里,放在输送带上,送到技工面前,工人只需站在输送带两边,如此一来,便节省了来往取零件的时间。装配底盘时,让工人拖着底盘通过预先排列好的一堆零件,负责装配的工人只需安装,这样装配速度自然加快了。一年之中福特公司就生产了几十万辆汽车,这个新系统既有效率又经济。于是,福特把汽车的价格削减了一半,降至每辆 260 美元,1913 年,美国人均收入为 5 301 美元,1914 年,一个工人工作不到四个月就可以买一辆 T 型车。

流水线使产品的生产工序被分割成一个个的环节,工人间的分工更为细致,产品的质量和产量大幅度提高,极大促进了生产工艺过程和产品的标准化。制成品被大量生产出来,尤其是多样的日用品在流水线上变成了标准化商品。汽车生产流水线以标准化、大批量生产来降低生产成本、提高生产效率的方式适应了美国当时的国情,汽车工业迅速成为美国的一大支柱产业。

案例 3

可口可乐公司的广告创新

1886 年 5 月,佐治亚州亚特兰大的药剂师约翰·彭伯顿发明了一种新的饮料。根据可口可乐公司的官方记载,他是在配制一种医治头疼的药物时无意中发现可口可乐配方的。彭伯顿在加入不同的原料后,得到了一种焦糖色的液体,加上苏打水后,就制出了后来闻名世界的可口可乐——一种爽口的碳酸甜饮料。为了推广这种饮料,公司进行了大量的创新性广告活动。

“二战”爆发时,虽然可口可乐已经打入了好几个国家的市场,但直到美国成为全球性的超级大国以后,可口可乐才真正成为一个全球性品牌。1796年,乔治·华盛顿在离职演说中讲道,“我们的正确方针是:不和世界上任何一个国家结成永久同盟”。在随后的整个19世纪,美国也一直遵循着这条方针。第一次世界大战是一个例外,美国帮助英、法联军对抗德国和奥地利,并使战局转向对前者有利的方向,一些孤立主义者主张美国再也不要插手欧洲争端。然而1941年珍珠港事件之后,美国卷入“二战”,这意味着孤立主义在美国从此偃旗息鼓。美国开始向世界各地派兵,总计1 600万人次,伴随他们辗转世界各地的还有可口可乐。

在战争动员时期,可口可乐公司总裁罗伯特·伍德拉夫发出一条指示:“公司将不惜亏本,争取让每一位士兵在任何地方都能花5美分买到一瓶可口可乐。”可口可乐早就深受士兵们的喜爱,他们在操练的时候就饮用这种既不醉人又能提神的饮料。可口可乐公司出此良策不仅保持了可口可乐的销售量,更让人们把可口可乐与爱国主义联系起来。此外,身处遥远军事基地的士兵们也的确非常喜欢可口可乐,有了它,他们方能寄托思乡之情,士气大振。

一位军官在写给可口可乐公司的信中说:“我们认为,可口可乐是鼓舞官兵士气的一剂良药。”此类信件不胜枚举,加上军方明确支持的态度和政客们的多方游说,1942年,可口可乐公司获得不受蔗糖配额供应限制的特权,原因是该公司的产品属军需品。这样一来,在竞争对手们因为蔗糖限额供应而不得不减半产量的时候,可口可乐却能得以继续保持产量不变。

如今,在可口可乐公司的档案馆里存放有成百上千封信件。从这些信件中,我们可以看出,在美国士兵们的心里,可口可乐代表着他们的国家。有一位士兵在信中写道:“对我而言,受苦是为了两件同等重要的事情:第一,能让我国的人民无忧无虑地享受国家给予的福利;第二,我们能像以前一样快乐地喝可乐。”军队中喜欢可口可乐的不仅仅是士兵和下级军官,很多高级将领也对它赞不绝口,比如,道格拉斯·麦克阿瑟、奥马尔·布拉德利、乔治·巴顿等都很喜欢喝可乐。将军中最喜欢喝可乐的当数欧洲盟军总司令德怀特·艾森豪威尔。1943年在视察盟军在北非的作战态势时,他发了一封电报,详细地列举出那里需要“300万瓶可口可乐和一整套能月产6 000万瓶可乐的设备”。盟军完成诺曼底登陆后,可口可乐也随之进入西欧。在横渡莱茵河的战役中,美国部队甚至用可口可乐作为暗号。

20世纪40年代,可口可乐公司加快了向海外市场进军的步伐。到1950年,公司1/3的利润来自海外。

三、创新的意义

创新对人类发展的意义怎么强调都不过分,从浩如烟海的公司战略文件到国家发展战略，都在强调创新。创新，无论是对消费者、股东、公司未来业务的发展，我们的生存和成长，还是对一个国家的发展壮大，都具有十分重要的作用。

迪尔公司CEO罗伯特·雷恩认为，迪尔公司能够一直发明对消费者有用的新产品，是公司成长的关键。通用电气董事长杰夫·伊梅尔特表示，通用根据想象力评价公司高层领导者，富有想象力的领导者有勇气去资助新想法，领导团队发现更好的想法，领导员工承担更大的可预期风险。宝洁公司也一直投资创新以驱动业务增长。华为创始人任正非认为创新就是在消灭自己，不创新就会被他人消灭。从这些企业管理者对创新的认识中不难发现，创新是企业生存并持续成长的关键因素。

在实践中，人们对创新的投入也非常可观。统计资料表明，经济合作与发展组织（OECD）的国家每年在研发上的投入超过7 000亿美元。在美国，超过16 000家企业拥有自己的研发实验室，而且至少有20家企业每年的研发预算超过10亿美元。在德国，企业的营业收入中有16.8%来自新产品，在研发密集型产业中，其比例更是高达38%。2016年，华为公司研发投入高达90亿美元，超过苹果、思科等巨头，华为常务董事、战略市场总裁徐文伟表示，华为每年在创新研发上的投入都非常庞大，一直占公司总收入的10%~15%，而未来华为仍将继续加大基础研究领域的创新和研发投入，研发投入占营收比将提升至20%，甚至达到30%。

因此，企业对创新的关注并不是停留在口头上，而是体现在行动中。背后的逻辑是：如果企业不改变提供给市场的产品和服务以及创造和交付产品的方式，企业将承担被其他竞争对手打败的风险，创新与生存密不可分。历史也不止一次证明，生存并不是注定的，能生存下来的企业是因为实现了有效的创新，而那些在市场中因循保守的企业则被无情地淘汰掉了。作为IT业最成功的公司之一微软，也认为它们距离消亡只有两年时间。英特尔公司的创始人之一安迪·格鲁夫也指出，只有偏执狂才能生存，而偏执中则包含着创新的基因。

一个人的问题是另一个人的机会。创新对于已经处在市场中的参与者而言是一种不得不面临的不确定的局面，在变化中主动应对的可能会胜出，消极应付的必然出局，而对于新进入者而言则是一个重新设计游戏规则的巨大机会。在阿里巴巴网络交易平台开通之前，无论是生产者还是消费者都习惯于借助各级实体分销机构的服务，生产者要依靠它们把产品卖出去，而消费者则必须依靠它们才能获得自己想要的商品，让生产厂家和消费者直接对接看起来是一件不可能发生的事情。然而阿里巴巴网络平台的开通，实现了生产厂家和消费者之间的无缝对接，消费者可以通过网络直接跟厂商对接，商讨商品价格、数量、发货时间和方式等，使以前供求双方都依赖的实体分销机构所拥有的资金实力和实体店面都变得毫无意义，实体零售业的生意从此一落千丈。

当然，并不是所有的创新都会导致赢或是输的情形，更多的时候，创新会带来双赢乃至多赢的局面。在青蒿素能被有效提炼出来之前，人们还没有找到有效可靠的办法来治疗疟疾，因此全球每年都有数以万计的人死于这种疾病。中医传统典籍中固然有青蒿治疗疟疾的记载,但是尚未开发出能提取有效成分的方法,屠呦呦及其科研团队通过反复试验,发现用乙醚作为溶剂,可以在不破坏药物有效成分疗效的情况下低温萃取青蒿素,一举解决了人类无法大规模有效治疗疟疾的难题。屠呦呦因此获得了诺贝尔医学奖,生产疟疾用药的企业也获得了利润,身患疟疾的人也不必面临死亡的威胁,通过简单的药物治疗就能治愈这种疾病。

以互联网为载体的远程教育是创新导致多赢的又一个例子。在互联网远程教育出现之前,除了面授之外,就只有音像资料。由于技术条件的约束,在时间和空间上匹配要求极其苛刻,导致好的教育资源无法与受教育者有效对接。互联网远程教育的介入,极大地改进了传统教育方式的不足。首先,在时间和地点安排上可以非常灵活,受教育者掌握着学习的主动权。其次,互联网具备的互动功能还可以让受教育者的问题得到及时反馈,在线作业、在线测试和讨论极大地方便了施教者和受教育者。再次,互联网在课程选择、进度控制和账户管理上也优于传统的教育方式。交通费用、食宿费用的节约也是互联网远程教育给广大公众带来的又一大福利。最后,通过这种灵活的安排,优秀的教育资源可以极大限度地覆盖不同时间和地点的受教育者。

创新不仅是企业考虑的重点,也是国家优先考虑的问题。2006 年,在澳大利亚政府网站上写着:不投资创新的公司在未来将会面临风险。如果不针对新出现的问题搜寻创新性的解决方案,它们的业务不太可能快速增长,也不会获得竞争力。英国政府科学办公室则提出,创新是现代经济的引擎,它把新想法和知识变成产品和服务。加拿大曼尼托巴省政府总结认为,中小企业成功有以下显著的特点:创新是与企业成功联系最紧密的因素;创新型企业比缺乏创新的企业增长更快或更成功;市场份额或利润快速增长的企业,一般都是创新型企业。在 2016 年的国家科学技术奖励大会上,李克强总理强调,创新是引领发展的第一动力。要培育发展新动能,改造提升传统动能,塑造更多依靠创新驱动的引领型发展。在战略必争领域前瞻部署,加速基础研究和应用研究的衔接融合。实施一批重大科技项目,建设一批重大科技基础设施,打造一批"双创"示范基地。在传统产业广泛开展"互联网+"行动,让"老产业"焕发出"新活力"。要通过改革,完善科研管理、人才评价等机制,让科技人员把更多精力用在研究上,用活科技人才,释放创新潜能。要强化企业创新主体地位,促进产学研用贯通,使创新成果转化为现实生产力。这充分体现了我们国家党和政府对创新工作的重视。

更为重要的是,创新还与全球的经济增长紧密联系。在过去的几十年中,经济学家一直致力于探讨创新与经济增长之间的关系,并且普遍认同创新能够解释经济增长。威廉·鲍莫尔指出,自 18 世纪以来的经济增长最终都应归功于创新。

案例 4

蒸汽机、第一次工业革命与经济增长

詹姆斯·瓦特的父亲是一位建筑师、造船工程师和航海仪器制造者,受父亲的影响,

13 岁时瓦特就已经开始制造机器模型,到青年时代便成为一名多才多艺的技工。1764 年,瓦特认真研究了纽克曼早期发明的一个非常不实用的蒸汽机,通过多次实验蒸汽机压力、气缸设计和阀门,到 1796 年,制造出了一台真正意义的大功率发动机。以蒸汽机为代表的技术创新引发了第一次工业革命,并带来了巨大的经济增长。第一次工业革命的最直接结果是商业和农业社会转型为工业制造社会,工厂迅速兴起并成为经济生活的核心。新兴工业化行业产出急剧增加。以英国为例,用于纺纱的原棉进口,在 1701 年为 100 万磅,1750 年为 300 万磅,1781 年为 500 万磅。这种增长速度已经很可观了,但是随着纺织技术的改进,原棉进口量急剧增加。到 1874 年,原棉进口超过 1 100 万磅,1789 年又翻了三倍,而且仍然在增加。1799 年增加到 4 300 万磅,1800 年增加到 5 600 万磅,1802 年增加到 6 000 万磅。技术渗透在其他领域表现也十分抢眼,煤产量在 40 年间增加了 10 倍,生铁产量从 1788 年的 68 000 吨跃升到 1839 年的 1 347 000 吨。由技术创新引发的工业革命带来了大规模、可持续的经济增长。

案例 5

中国的土地制度改革与经济增长

20 世纪 50 年代中后期,中国农村进行了大规模的土地合作化改革,土地从最初的私人所有变成以公社为单位的集体所有。随之而来的是 1958—1961 年的三年大饥荒,面对这样的结果,主流媒体给出的解释是天灾人祸,所谓天灾是指自然灾害,而人祸则是指中国与苏联交恶,对方要求还款。有学者在整理了发生大饥荒的三年的气象、水文等资料后得出结论认为,当时并未发生全国范围内的大的自然灾害,与苏联交恶导致还款也不是粮食短缺的主要原因。不过,土地制度随后进行了调整,变化主要体现在两个方面:第一是自留地;第二是缩小生产单位。所谓自留地,是以家庭为单位,每家都可以分得一部分土地,农民自己耕作,所得的粮食也不用上交给集体。与此同时,生产单位也从过去以公社为单位划小到以生产队为单位。在经过这一轮土地制度改革后,粮食短缺的情况有所缓解,但是产出依然不高。

1978 年,安徽省凤阳县小岗村的 18 户农民私下决定将土地分包到户,并按比例提交公粮,剩下的归自己所有。此举极大地激发了农民的生产积极性,并被其他地区纷纷效法,得到了中央政府的认可并在全国范围内铺开实施,粮食产量增幅显著。统计数据表明,从 1979—2010 年中国粮食产量平均增长率达到 2%。中国农业全要素生产率在 1978—1984 年有较大幅度提高。在 1980—1984 年,中国农业投入并没有大幅度增长,而农业产出却有了大幅度上升。

农业全要素生产率的增长表明,农业生产力提升的不是生产要素的增加,而是生产要素以外的其他因素导致的结果,而可考证的资料也表明在这段时期内农业生产技术也没有发生重大改进。唯一能解释生产力改进的因素就是土地制度的创新。农业不同于第二产业和第三产业:第一,农业生产周期较长,一般都在几个月以上甚至几年;第二,农业生产受外界气候环境影响较大，不容易分离出气候和人分别对产出的影响；第三，农业生产工序较多，而且每一个工序都对产出结果有影响，但是每个工序对产出的边际贡献不容易测度。因此，在集体所有制的生产条件下，由于无法准确测度出某个人在某个工序中对产出结果的贡献，只能通过劳动时间来间接测度一个人的贡献。给定用劳动时间来测度一个人的贡献，劳动者只需要投入时间，并不直接对产出结果负责，结果导致人人都偷懒，因而总体产出水平低下。在土地承包到户之后，农民对产出有剩余索取权，在交够公粮之后，剩下的都归自己所有。农民对农业生产过程中的每一次努力或者懈怠都将影响产出结果，而承受结果的是农民自己，因此农民的劳动积极性空前高涨，带来了粮食产出水平的大幅度提升。考虑到农民自己耕作产量不易统计，如果产出报得过高可能导致公粮征收水平上升，实际粮食产量可能更大。

中国农村土地制度创新带来的影响远不止粮食产量的增加。在土地制度改革之前，由于农民被附着在土地上，凡是适龄劳动力都被派到土地上参加生产，所以没有农民失业。土地制度改革之后，完成与之前同样多的生产任务只需要一部分劳动力，而且农业生产有季节性，一旦农忙过了，大部分农民无事可干。在这种背景下，一部分头脑灵活的农民办起了乡镇企业，开始从事工商业，带来了新一轮的经济增长。同时农民办的企业由于机制灵活、生产成本低，给国有企业带来了巨大的冲击，导致 20 世纪 90 年代国有企业大规模亏损甚至破产，倒逼国有企业进行改革，从而推动了我国经济体制的全面变革。土地制度变革这样一个简单的制度创新，带来了中国长达 20 年的经济高速增长。

任务二 创新与创业的关系

创新是指理论、方法或制度等某个方面的发现、改进和新的组合。创业是一种行动，通过创造性地整合资源，将创新的思想或成果运用于产业或事业中，创办新的企业或开办新的事业。因此，在逻辑上，创新是先导，创业是创新的约束条件和实现形式。

一、创新与创业的约束条件

创新并不只是技术创新，如果没有激励创新的相关制度安排，创新便不会产生。创新是在特定的制度环境激励下的产物，并不是自然而然产生的。即便是偶尔有技术创新，也无法通过创业使创新得以实现并服务于广大人民群众。因此，制度创新既是创新的一种表现形式，也是技术创新得以实现的基础，更是通过技术创新实现创业的必要条件。

在我国，有利于创新与创业的最根本的制度安排就是社会主义市场经济。不难发现，凡是市场经济发达的地区，民间就蕴藏着极强烈的创业冲动，大众创业就成为人们的自觉行动。这是因为，首先，市场经济没有“官本位”，也没有上级部门的计划。市场经济向人们提供了广阔的实现自我价值的空间，没有体制内外之分，人们会面对市场，依靠自己的力量，发挥比较优势，从而激发更多人的创新和创业激情。

其次，在市场经济中，合作与竞争成为经济生活的常态。企业一经创立，就要接受其他对手的挑战，接受消费者的检验。在竞争性市场中为了生存，必须根据市场环境进行不断的创新，率先创新者可以获得超额的社会回报，落后的企业注定被淘汰。但是创新者如果满足于已有的成就，随着后来的企业纷纷跟上，利润迅速被平均，因此创新如果不能持续进行，同样要被市场淘汰。这个过程不断推进，不断在新的起点上实现新的平衡，又不断打破新的平衡，实现更高层次动态的平衡，并由此推动产业结构的提升和经济增长。

最后，要保证创新的持续进行，必须要有促进竞争和创新的具体制度安排。创业者要容易进入、方便进入、平等进入，让创业者的创业意向容易成为现实。最大限度地减少审批和来自有关部门的干扰，有效地解决体制内、体制外的问题，不能再让体制内的旱涝保收占有过多的优惠条件，这样的制度安排会诱使更多的人进入体制内而淡化创业、创新的冲动。所有公民都必须一视同仁地面对市场，社会应向每个人提供公平的起始条件；社会既褒奖成果，也要包容失败，包容创新起始阶段的与众不同；另外创新和创业所需要的要素要容易获得，尽量避免非市场因素影响要素的自由流动。

因此，制度创新既是创新的有机组成部分，又是创新得以实现的制度基础，也是通过创业实现创新的必要保障条件。

二、创新与创业相互作用

一般地，创新是指理论、方法或技术上的发现、发明和改进或新组合，创业是一种思考、推理和行动方法，其重点在于把握机会，创造性地整合资源，从而创办新的企业。将创新的思想运用于产业或事业之中，开创新的领域或新的局面，就是创业。创新注重的是方法和思想上的标新立异，而创业则必须考虑实现创新可能经历的过程及其可行性。创业比创新更注重最终的经济效益，因为一个创新如果不能带来经济效益，就没有实施的价值，而没有经济效益的创新则很难有持续不断的动力来支持创新的继续。

创新与创业虽然是两个不同的概念，但是却存在着本质上的一致性。熊彼特认为，创新是生产要素和生产条件的新组合，这种组合能使原来的成本曲线不断更新，并由此产生超额利润。因此创新的内涵与创业有着本质上的一致性和相关性。创新与创业的一致性都体现在“开创”上，只不过创新一般多指理论、思想方法上的创造性活动，创业是实际活动中的创造，是创新理论、思维模式和技术方法的应用和现实体现，也是创新的终极目的。因此，创新是创业的本质与源泉，而创业则是创新的实现方式，创新的价值在于创业。从某种程度上讲，创新的价值在于将潜在的知识、技术和市场机会变成现实的生产力，实现社会财富的增长，造福人类社会，而实现这种转化的根本途径就是创业。创业者不必是创新者，但是必须具备发现潜在商业机会的能力和敢于冒险的精神；创新者也不必是创业者或者企业家，但是创新的成果必须经由创业者推向市场。

创业不仅是创新的实现方式，也是深化创新的动力来源。创业所产生的经济收益，使得创新的持续不断有了物质基础上的保障。因而创业可以反过来推动新发明、新产品和新技术的不断涌现，并进一步创造新的市场需求，从而推动和深化创新，并进一步提高企业或国家的创新能力，推动经济增长。

任务三 创业的人生意义

创业不仅对社会和国家有着非常重大的意义，也是个人人生价值的体现。具体地讲，创业是实现财务自由的有效途径，创业能让我们有能力帮助那些需要帮助的人，创业还能修炼我们的智慧和力量，提升个人能力。

一、创业是实现个人财务自由的最佳途径

生活中绝大部分人工作是为了生活，即为了个人或家庭的正常运转，一旦工作停止，生活就会因此而受到影响。所以一般的上班族是很难实现财务自由的，要实现财务自由，创业是一条最好的路径。创业最原始的动力就是为了赚钱，实现财务自由。所谓财务自由，是引自西方投资理财中"financial freedom"的一个概念。财务自由是指你无须为生活开销而努力为钱工作的状态。简单地说，个人拥有的资产产生的被动收入要超过或等于一个人的日常开支，这是我们大多数人最渴望达到的状态，如果进入这种状态，我们就可以称之为退休或其他各种名称。真正意义上的财务自由，还不能依赖工资奖金。它更多是指你通过投资理财而获得的一个终极目标。实现财务自由的人，不必为钱而工作，大部分人的工作都是为了"讨生活"，即为个人或家庭、为维持一个体面的生活而工作。

如果，你可以不必为钱而工作，而是为兴趣而工作，那你有幸在通往"财务自由"的路上迈出了重要的一步。因为努力工作不是为了挣钱，而是出于兴趣。在这种状态下，更容易激发人们的工作热情，而这种热情是迈向成功的关键，也是创业者必须具备的基本素质。很多通过创业而成功的企业家，最初就是从"做感兴趣的事"开始的。比如比尔·盖茨，最开始搞软件开发不是出于对金钱的追求，而是出于内心对这份事业的热爱，才有不计报酬地倾情投入，并获得了巨大的成功。而在事业开始之初，他也不知道将来会缔造出一个巨大的商业帝国，并获得大笔财富，金钱和财富只是他为兴趣而工作的一个意

外收获。因此，虽然我们创业的目的之一是获得财务自由，但是在考察项目时，个人兴趣也是必须纳入考虑的因素，只有对所从事的事业有持久的兴趣，而不仅是对金钱的追求，才可能让我们在成功的道路上越走越远。

案例 6

顺丰公司上市

顺丰的创始人王卫出生于1971年，他的父亲是一名空军俄语翻译，他的母亲是江西一所大学的老师。王卫7岁时随家人搬到香港，学历高中。20世纪90年代初期，受邓小平南方谈话的影响，香港8万多家制造工厂北移到了大陆，其中53 000多家在广东的珠三角地区。当年顺德县委书记欧广源有一句话："几乎每天都有企业开张，天天都是鞭炮不断。"大量工厂北移催生了"前店后厂"模式，香港与珠三角信件往来频繁。因为分属不同的关税区，往往邮寄要花上两三天。比如工厂里缺一个什么急件，今天说，明天要，要去报关，得一个星期，谁也等不起。王卫比其他人更懂得如何寻找出路。一开始，王卫受人之托，在广东和香港之间夹带点儿货。慢慢地，东西越来越多，当用拉杆箱也装不下的时候，王卫开始意识到这是一个商机。他跟父亲借了10万元人民币，于1993年3月26日在顺德注册了顺丰速运，他是公司6名创始人兼快递员之一。同时，他在香港砵兰街租了几十平方米的店面，用来接货和派货。顺丰的业务以一种不规范的形态起步。除了顺德到香港的陆路口岸，番禺到香港和澳门的快船也是王卫当时倚重的业务路线。

王卫是个工作狂，每天工作十五六个小时，这是从创业初期保留下来的职业习惯。顺丰的一位早期员工说："那时候顺丰只有十几个人，大家围在王卫身边，同吃同住，每天唯一的任务就是跑市场。我们这些业务员像疯了一样，每天早出晚归，骑着摩托车在大街小巷穿梭。"早年间，在砵兰街的邻居也对他印象深刻，说他每天凌晨就开始工作，晚上才离开。"那时候这条街没什么人，他来了之后，一直有货车上上下下拉货，慢慢这里开始有别的物流公司，还有足浴店。他带旺了整条街。"

"当时王卫抢了EMS不少生意。送一个文件就几十块，很好赚，"顺丰一个前高管说。当时王卫的策略是"割价抢滩"。"别人70块一件货，顺丰收40块。"王卫用低于市场均价30%的价格揽货，吸引了大批中小商家。虽然一票货只收几十元钱，但生意红火得出人意料，"每年赚个几百万不成问题"。作为起家业务的香港件，不但成就了王卫的第一桶金，目前仍是顺丰的主要业务，占到公司业务总比重的40%。到1997年时，顺丰已局部垄断了深港货运，在顺德到香港的陆路通道上，70%的货由顺丰承运。

2017年2月24日，顺丰通过股权置换完成借壳上市，上市前三个交易日连续涨停，股价报收60.73元，公司总市值高达2 540.75亿元，超越万科、美的，成为深交所市值第一名。据公开资料，深圳明德控股发展有限公司（以下简称"明德控股"）持有顺丰控股64.58%股权，而明德控股由王卫持股99.99%。以目前顺丰控股总市值2 540.75亿元计算，王卫身家达1 640亿元。

二、创业让你有能力帮助更多的人

创业的意义不仅是让自己获得财务自由，而且是让更多的人能受惠于创业者，消费者是最先受益的群体。一个成功的创业者带给消费者的产品或者服务必然比现有市场上的对手更有竞争力，这种竞争力可能表现在相同价格下质量更高，或者相同质量下价格更低，或者是服务更加便捷周到。此外，供应商也会因为市场上有更多的对自己产品的需求而受益。比如阿里巴巴电子商务平台的开发，可以让消费者在足不出户的情况下就能买到自己心仪的产品。同传统零售业不一样，消费者不必亲临商场就可以考察多个同类商家的产品，更方便货比三家。同时，电子商务平台的用户评价功能还解决了消费者体验不容易传播的问题，传统商业模式下一个人的消费体验很难传播给其他消费者，导致某些不法商家出售质次价低的产品屡屡得逞。而在电子商务平台，由于消费者评价可以很容易被其他潜在消费者看到，因此商家将会约束自己意图欺骗消费者的冲动，使产品的质量和价格尽可能相符合。传统商家在货物售出后，如果消费者不满意要进行退换时非常麻烦，商家会尽可能推卸责任，不让消费者退货。而在电子商务平台，消费者在规定的时间范围内可以无理由退货，并顺利收回自己支付的货款，让消费者少了后顾之忧。

此外，创业者通过自己的创业活动，还能拉动就业。社会上绝大部分人都会选择为一个企业或者组织工作，这意味着他们需要就业机会，每一个就业的背后，都包含着至少一个家庭。如果有更多的人参与创业，就意味着能提供更多的就业机会。如果创业项目很成功，不仅能让员工获得更高的收入，而且还能获得能力和职位上的提升。

最后，创业带来的财务自由还能让我们有能力帮助更多需要帮助的人。在日常生活中，有很多因各种因素无力谋生而陷入困境的人。每个人都有悲悯之心，但是如果我们的能力和财富不支持，即使有心相助也无力施以援手。在政府财力无法支持或者无法有效甄别受助者的信息时，民间慈善将是有益的补充。通过创业，我们就有机会积累一定数量的财富，积累这些财富的意义不仅能让我们自己过得更好，而且还能帮助那些有困难的人，让那些无力谋生的人可以有尊严地生活。

案例 7

邵逸夫先生的慈善事业

在民间慈善方面，香港贤达邵逸夫先生为我们做出了表率。早从 1985 年开始，邵逸夫持续捐助内地。有关资料显示，截至 2012 年，邵逸夫共捐赠内地的科教文卫事业 47.5 亿港元，捐建项目总数超 6 000 个，其中 80% 以上为教育项目，受惠学校千余所。1990 年，中国科学院紫金山天文台为了表彰他为中国教育事业做出的贡献，将中国发现的 2899 号小行星命名为“邵逸夫星”。天灾的时候，邵逸夫也会捐助部分受影响的地区，例如在 1999 年捐出 2 500 万港元，救助台湾“9 · 21”大地震灾民；2005 年，捐出 1 000 万港元予南亚海啸受灾地区;2008 年,向四川地震灾区捐款 1 亿港元;2009 年,台湾“8·8”台风水灾,捐款 1 亿元新台币予灾区。

2008 年,邵逸夫获中华人民共和国民政部授予的“中华慈善奖终身荣誉奖”,以赞扬他长期致力于慈善事业的精神。邵逸夫的捐献并不局限于中国及东南亚一带,邵逸夫还设立了奖学金计划,资助亚洲学生攻读欧美大学,例如美国的哈佛大学、英国的剑桥大学等。在旧金山还开办了以他首任妻子命名的老人中心。旧金山政府为嘉许他对该地的慈善贡献,在 1991 年宣布每年的 9 月 8 日命名为“邵逸夫日”。为了推动世界各地的科学研究,邵逸夫在 2002 年创立邵逸夫奖。第一届颁奖礼于 2004 年举行,选出全世界在天文学、生命科学与医学、数学科学三方面有成就的科学家,各颁授 100 万美元奖金以作表扬,而这些领域是诺贝尔奖未涵盖的。如果没有财富的支持,邵逸夫先生是不可能完成如此规模庞大的捐助的。

案例 8

福耀玻璃——曹德旺回报社会的平台

福耀玻璃董事长曹德旺 9 岁才上学、14 岁就被迫辍学,他在街头卖过烟丝、贩过水果、拉过板车、修过自行车,经年累月一日两餐食不果腹,在歧视者的白眼下艰难谋生,尝遍了常人难以想象的艰辛。那是精神和肉体蒙受的双重苦难,但他并未逆来顺受,而是不断地与命运抗争。1983 年曹德旺承包了福清市高山镇异形玻璃厂,并将主业转向汽车玻璃,彻底改变了中国汽车玻璃市场 100%依赖进口的历史。1987 年成立福耀玻璃有限公司,1993 年,福耀玻璃登陆国内 A 股,并引入独立董事参与公司治理。迄今为止,福耀玻璃现金分红高达募集资金的 12 倍,为股东带来了丰厚的回报。

高品质的产品、领先的研发中心、完善的产品线加上巨大产能,决定了福耀强劲的市场开拓力,印着“福耀”商标的汽车玻璃在主导国内汽车玻璃配套、配件市场的同时,还成功挺进国际汽车玻璃配套、配件市场,在竞争激烈的国际市场占据了一席之地。2006 年,福耀集团的研究院被科技部、财政部、海关总署、国家税务总局等联合认定为“国家认定企业技术中心”。在国内的整车配套市场,福耀为各著名汽车品牌提供配套,市场份额占据了全国的半壁江山。在国际汽车玻璃配套市场,福耀取得了世界八大汽车厂商的认证,成为 Audi, Bentley, VW, GM, Ford, TOYOTA, HONDA, NISSAN, PSA, VOLVO, HYUNDAI, Daimler Chrysler 等的合格供应商,并批量供货。

在福耀,以人为本并不是挂在领导口中的一句官话,而是实实在在的,它与企业的经营管理、人才培养紧密挂钩,与制度的保障密不可分。公司内部设有员工工作委员会,严格落实国家法律法规,积极保障员工合法权益。根据相关法律、法规的规定,公司与员工及时签订《劳动合同》,有计划地安排员工生产、休息,为员工提供有竞争力的薪资报酬和培训成长空间,建立健全了企业薪酬管理和激励机制,并按时、足额地为员工办理医疗、养老、失业、工伤、生育等社会福利保障。

公司对员工发展的重视，站在了"为国家、为行业培养人才"的高度上，把企业当作学校来办。公司设立了管理、技术、职能、操作四大员工职业发展通道，为员工"量身定制"因人而异的职业发展规划，并形成了多个部门联合，对员工的成长进行长期跟踪和教导的培养机制。将员工培训与员工晋升考核相结合，尤其是基层员工的操作技能鉴定、技术人员的专业技术职称评定、管理人员的任职资格评估等，实现"培训—鉴定/考核—薪酬/晋升"一体化，为员工的职业发展提供实实在在的帮助和保障。

公司建有专门的员工培训中心，拥有自己独立、完整和系统化的培训体系，针对内部实际需要，设计和开发系统化课程，为员工提供在职培训，促进员工职业发展。在应届大学毕业生培养方面，公司坚持从生产实践中培养人才，为此，设计和开发了针对应届大学毕业生的"雏鹰训练营"系列课程，根据每个大学生的专业、特长和志向，制订不同的培训发展计划，组织人力资源部、工厂和定向发展部门联合"跟踪"，直至其成为技术骨干或走上管理岗位。

公司把每一个员工都当作自己的子女，为他们提供良好的工作条件、健康的生活环境、广阔的发展空间。通过人性化的管理，家庭般的关心，公司与员工建立了相互信赖、相互支持的工作关系，保证了公司整体利益和职工根本利益相统一，走出了一条公司与员工和谐发展的道路。

2013 年，公司成立爱心基金管理委员会，搭建公司爱心平台、培育爱心文化、推进爱心行动，发扬爱心互助的团队合作精神，帮助因突发事件导致家庭遭遇特大经济困难的员工渡过难关。通过公司和个人捐赠，设立互助、互济专项爱心资金，主要用于减轻员工因特殊原因所造成的临时重大困难，提高员工保障水平。

曹德旺还热心慈善事业。根据"中国慈善榜"办公室捐赠记录显示：2003—2005 年，曹德旺 3 年累计捐赠 4 194.6 万元，用于公共建设及扶贫领域，位列当年"中国慈善家榜"第 15 名；2006 年，曹德旺捐赠现金 2 131 万元，实物 8.5 万元，用于教育、医疗、公共建设等领域，位列当年"中国慈善家榜"第 22 名；2007 年，每年捐资 150 万元在西北农林科技大学设立"曹德旺助学金"，定向定额捐赠 10 年计 1 500 万元(数据来自公开报道)；2008 年，曹德旺捐赠 2 471.31 万元用于教育、医疗等领域，位列当年"中国慈善家榜"第 18 名；2009 年，曹德旺捐赠 2 765 万元用于社会公益，位列当年"中国慈善家榜"第 21 名；2010 年，曹德旺捐赠 102 828.96 万元给福建省慈善总会，用于救灾和扶贫等领域，位列当年"中国慈善家榜"第 1 名；2011 年，曹德旺捐赠 363 474.8 万元给河仁慈善基金会，用于教育扶贫、社会公益等领域，位列当年"中国慈善家榜"第 1 名；2012 年，曹德旺捐赠 5 179.76 万元用于社会公益、教育、扶贫、环保及文化等领域，位列当年"中国慈善家榜"第 38 名；2013 年，曹德旺向福建慈善总会捐赠 10 600 万元，位列当年"中国慈善家榜"第 11 名。

2011 年，曹德旺做出一项决定，这对曹德旺本人甚至中国慈善事业都有着里程碑式的意义。2011 年 5 月 5 日，由曹德旺发起的"河仁慈善基金会"在北京成立。他将曹氏家族持有的3亿股公司股份捐赠给该基金会，过户当天，股票价值人民币35.49亿元。这是中国第一家以捐赠股票形式支持社会公益慈善事业的基金会，为中国目前资产规模最大的公益慈善基金会，并实现了中国基金会资金注入方式、运作模式和管理规则等多个创新。

通过近些年来的捐赠数据来看，随着企业的日益壮大和财富的不断积累，曹德旺的捐款清单不断延长，数额也越来越大。截至目前，曹德旺公益捐赠总额已达70亿元人民币，捐助范围涉及救灾、扶贫、助学、帮困、传承传统文化等各方面。

思考题

1.创新对人类社会发展和个人有什么意义？

2.创业与创新之间有什么关系？

3.结合身边的案例，谈谈你对创新（创业）的看法。

项目二

国内创新与创业政策、环境与态势

知识目标

1.了解国内创新政策及相关法律法规。

2.了解国内创新的环境及其相关知识存储。

3.弄清创业的态势,并进行分析。

技能目标

1.能够把握国内外创新与创业机遇。

2.熟练运用自身的特长以及人脉。

学习重点

1.了解大学生创新与创业中的成功与失败经验。

2.了解大学生创业可以涉及的一些领域。

学习难点

1.缺乏资金时,如何让创业顺利进行。

2.当国内外形势变化时,应如何尽快适应发展趋势。

任务一 国内创新与创业政策

案例导入

某互联网品牌饰品店,由最初的网上小店,到行业内首屈一指的垄断性品牌,用了近十年的时间,这背后是其创始人晓雯的努力付出,也有“双创”时代所带来的重要商业契机。

该饰品店最初成立于2006年,在那个网络购物刚刚开始的年代,店主晓雯通过互联网尝试销售一些自己的闲置物品,渐渐发现了网络销售的商机。于是,她设计的网络饰品品牌诞生了。回顾该品牌的发展历史,并不复杂,甚至可以用平淡来形容,但是却有着非常具有学习意义的重要品质——创业者必须认清时代,及时解读和响应政策。

店主晓雯读大四时,开始在网络购物平台“易趣”上卖东西。由于做得得心应手,毕业后她索性全职投入。从最初的2 000元启动资金和第一张自己拍摄的饰品照片,到第一个自己设计的商品页面,可以说晓雯倾注了几乎所有的心血。也正是源于该品牌完全是店主的创新设计,以独特的风格和“互联网+”的营销优势,让该品牌渐渐在网络上有了一批自己的忠实客户,晓雯也开始雇用了第一批员工,从纯粹的个人小店,逐渐蜕变成有独立工作室的网店。

2010年该品牌被高速发展的“淘宝”冲击,当然,行业竞争对象如雨后春笋般涌现,晓雯的企业遇到了前所未有的困难,营业额直线下降。就在她一筹莫展之际,晓雯在与同学的一次“诉苦”中找到了“救命稻草”——晓雯的同学刘刚毕业后留校任教,现在担任“大学生创新创业理论”课程的教学工作,听到晓雯的困难后,刘刚建议她前往当地的人力资源及社会保障局了解政府对创新创业的扶持政策,也正是在政府的帮助下,晓雯参加了创新创业培训,学习网络营销技巧,在此之后她十分重视对政府关于创新创业政策的了解,及时根据政策寻找市场契机,至2017年底,晓雯的企业已经发展成为年销售额几百万元的行业垄断性网络品牌。

变身董事长的晓雯坦言,正是那次跟刘刚的谈话,让她知道创业的首要事情就是了解政策,这才有了今天的成功。

案例讨论:

1.一个创业者实施创业时应当主动关注哪些方面的信息?

2.在上述案例中,是什么原因让创业者最终走向成功?

一、我国创新创业政策提出及发展历程

从国家层面来看，各部委，如科技部、财政部、社会保障部、发改委等均在各自管辖领域出台相关政策扶持创新创业的发展。为了更好地协调各部门间的配合，国务院也出台相关指导意见，明确中央到地方促进创新创业政策制定的大方向。整体上，出台的创新创业政策涵盖了高校学生、留学人员、研发人员、中小企业创业者等不同群体，通过财政税收、投资融资、审批制度等各种手段为创新创业者提供政策优惠和宽松环境。

早在 1998 年开始政府已提出改善中小企业贷款，2000 年国务院办公厅转发国家经贸委《关于鼓励和促进中小企业发展的若干政策意见》，开始了中小企业信用担保体系的建设，之后出台《中华人民共和国中小企业促进法》为中小企业的融资提供法律保障，为广大中小企业的发展与融资情况的改善起到一定的作用，在客观上为创新创业活动打下一定基础。至 2003 年 6 月，中小企业的贷款余额占全部企业贷款余额的 51.7%，新增贷款数额比同期大型企业新增贷款提升 28.2%。

随着我国经济改革的逐步深化，创新创业的需求在不断增强，中小企业的队伍也在不断扩大，如何能帮助中小企业及众多创业者更好地解决融资问题变得更为迫切，融资方式的多样化也逐渐成为未来的发展趋势。政府对中小企业融资支持力度正在不断加大，已在 100 多个城市相继建立了各类中小企业信用担保机构。

李克强总理在 2014 年 9 月的达沃斯论坛上首先提出“大众创业、万众创新”，此后，我国逐渐掀起创业热潮，形成了“人人创业”的新局面。在首届世界互联网大会及国务院常务会议等重要会议上，李克强总理多次强调“大众创业、万众创新”，大力挖掘和激发全民创业的精神。

党的十八大后，创新创业成为国家重大战略部署之一。根据 2015 年《政府工作报告》的部署，国务院下发《推进大众创业、万众创新的若干政策措施的意见》并针对金融板块提出优化资本市场、创新银行支持方式、丰富创业融资新模式的要求，按照国家战略布局，全面推动创新创业的发展。

此后，国务院发布的《关于深化高等学校创新创业教育改革的实施意见》中提出针对大学生的创新创业战略，提出高校实施弹性学制，放宽学生修业年限，允许调整学业进程、保留学籍休学创新创业。

在 2017 年的《政府工作报告》中进一步提出要继续简政放权，为创业提供便利，形成新的创业浪潮，要大力发展众创空间，使“草根”创新蔚然成风、遍地开花，并推出创业引领计划，制订和实施了大学生“互联网+”行动计划，以激发更多大学生的创业热情，让他们积极投身创业。

二、我国创新创业政策的主要内容

在大力推进创新创业发展进程中，政府起到了举足轻重的作用，出台了一系列政策、

方针以促进创新创业发展，具体有如下几大方面：

1.金融支持政策

在融资的渠道选择方面，创新创业数量众多的中小企业通常较为依赖内源融资。由于建立时间相对较短，缺乏相对健全的财务报表与良好的信用记录很难获得外部投资者或银行的青睐，使创新创业相关企业不得不依赖内部积累和业主出资的方式来获取发展所需的资金。

第一，优化资本市场。在股票交易市场方面，积极鼓励符合上市条件的创新创业企业上市或者通过发行票据和债券市场进行融资，尤其是加快推进数量众多的中小企业在创业板的上市制度，并在上海证券交易所建立了战略新兴产业板块为更多的中小企业和创新创业企业提供股市融资的渠道。为了更好地保障资本市场的规范性，国务院提出重点研究资本市场规则的完善、中小微企业区域性股权市场以及工商部门同区域股权市场的对接机制的要求。

第二，丰富创业融资模式。近年来迅速发展的互联网金融和众筹也成为政府对创新创业活动金融支持的措施之一，国务院明确支持互联网金融的发展和鼓励众筹平台的规范化并提出建立公开小额股权众筹融资试点的建议。进一步完善创业担保贷款政策，支持保险资金参与到创新创业中。此外，持续推进知识产权估值、质押和流转体系，推动知识产权质押融资的规范化发展及知识产权金融发展。国务院出台《关于促进融资担保行业加快发展的意见》（以下简称《意见》），针对长期制约融资担保业发展的业务定位、体制和机制等问题，从顶层设计高度提出了一系列解决措施，可以说由此吹响了融资担保业改革发展的号角。《意见》要求大力发展政府支持的融资担保机构，以省级、地市级为重点，通过控股、参股、直接设立等方式，发展出一批具有政府支撑背景的实力强大的担保机构为小微企业进行融资担保，并加强其自身能力的建设。此外，要求建立银担共同参与的合作模式，完善银担合作的各类政策，保证融资相关担保政策的有效执行。在国务院下发指导意见后，各地政府相继响应，并陆续出台地方性文件从各个方面对创新创业活动给予金融投资等方面支持。安徽省政府与海南省政府分别出台《安徽省人民政府关于创新重点领域投融资机制鼓励社会投资的实施意见》《海南省人民政府关于创新重点领域投融资机制鼓励社会投资的实施意见》，从水利、交通、生态环保、能源、市政基础建设等重点领域着手鼓励创新投融资机制响应创新创业的政策要求，其重点在于积极引入社会资本的参与；中国银监会湖北监管局出台《湖北银行业推动科技金融改革创新的指导意见》，重点在于促进银行金融改革并针对创新型科技企业从金融服务网络化、单独信用评价体系、单独授信审批机制、单独考核评价等方面为其提供更好的金融服务，进一步激励创新企业的发展。此外，重庆市也出台《关于重庆市发展众创空间推进大众创业万众创新的实施意见》，提出设立种子投资引导基金，与创业园区、高校等共同组建创业投资基金，以公益参股、免息信用贷等方式针对科技型小微企业以融资支持并要求进一步完善创投基金退出机制；鼓励商业银行设立针对小微企业和科技创新型企业的专营支行,开发有针对性金融产品;在小额贷款方面,重庆市上调贷款额度至 10 万元,个人贷款利率上浮 3 个百分点以内由财政给予补贴的支持措施。对于创新创业主体利用知识产权质押融资的给予一定财政贴息,并鼓励创新创业企业通过小板、创业板、新三板进行资本市场的直接融资。与之相似的还有吉林省政府出台的《吉林省人民政府关于推进大众创业万众创新若干政策措施的实施意见》也从简化融资担保手续、提升小额融资额度、促进中小企业资本市场直接融资等方面给予政策性支持,为创新创业活动提供金融政策的支持。

2.税收支持政策

政府为保障创新创业企业的成长与发展,发布了《中小企业促进法》以明确对中小企业的引导和支持。该法重点强调加大财政资金对中小企业的支持力度并对各类创新创业企业的融资、税收、信贷担保等方面提出了完善与改进要求。此后一系列的财政税收政策相继出台,对我国中小企业的发展起到了一定的促进作用,也为创新创业活动的推动奠定了基础。

第一,财政专项补贴。根据企业和项目的不同特点采取了涵盖贷款贴息、无偿补助、资本金直接注入等各类形式的支持措施,对中小企业的技术创新、科研成果产业化、资助中小企业中介机构、引导投资基金等方面给予支持。

2000 年国家针对抗风险能力较弱的中小企业,成立了企业国际市场开拓资金以帮助企业因出口订单减少而引起的困难。该资金主要用于对国外市场的考察、境外展览会、境外收购等促进企业的出口活动。2004 年,国家又设立企业发展专项资金,对小微企业的科技创新、改善融资、完善服务、国际合作等方面予以支持。通过此类资金的支持,对各领域的科技创新活动进行促进与优化,进而实现帮助各类创新型创业企业的经营结构的调整。2015 年,国务院进一步要求加强对创新创业的财政支持,明确提出加大财政资金支持和统筹力度,并要求各级财政要根据创业创新需要,统筹安排各类支持小微企业和创新创业的资金。

第二,支持中小企业对政府采购的参与。2011 年政府对各部门的预算编制提出在确保自身正常运转和满足公共服务基本需求的条件下,应当将部门年度预算采购的 30%以上留给中小企业。其中,在中小企业的份额中,小微企业比例不得少于 60%。此项规定对创新创业活动的开展有一定促进作用,众多的创新创业者可通过其小微企业或中小企业身份参与到政府的采购预算中,对早期的资本积累与品牌传播均有一定的优势,也为之后的发展打下物质基础。2015 年的国务院关于大众创业万众创新的指导意见中再次强调发挥政府采购支持作用。要求进一步加大对中小企业及小微企业的采购支持力度,特别是对创新产品与服务的采购支持,使政府采购与创新创业活动能更好地联系在一起。

第三,减少行政事业性收费项目。2011 年起,财政部便出台相关规定对创新创业企业的登记类、证照类、管理类等行政事业收费予以暂免征收,2012 年工信部也下发文件跟进，对小微企业的相关行政性费用予以减免。

第四，税收政策。我国目前针对创新创业企业的特定税收优惠政策并不是很多，主要有所得税、增值税，以及对特定生产设备的加速折旧方面给予一定的税收政策优惠。在所得税方面主要除一般企业普遍享受的优惠外，小微企业可以享受20%的优惠税率。另外，对于年应纳税所得额低于6万元的企业，在2012—2015年其所得税额度可按50%计入年度应缴税额当中。在增值税方面，2013年起财政部下发了关于小微企业增值税优惠的文件，规定月营业额不超过2万元的企业纳税人免缴营业税、月销售额不高于2万元的增值税小规模纳税人免缴增值税。同时，对增值税的起征点也有所提升，对货物销售与劳务提供的提升至5 000~20 000元，按次或按日缴纳的提升至300~500元。营业税起征点与按次缴纳营业税的同样分别提升至5 000~20 000元及300~500元。最后是加速折旧方面，国家发改委规定企业用于研发的仪器设备且单价低于30万元的可一次性或多次分摊进入成本费用当中，符合固定资产标准的应当单独管理核算不计折旧；超过30万元的可选择缩短折旧期限或加速折旧来计算。

随着大众创业万众创新的发展需要，国务院进一步要求在税收方面给予创新创业企业更多的优惠，2015年国务院提出加强落实对于小微企业的税收优惠政策，对于加速折旧的政策优惠要求深化至各科技园、企业孵化器等创新创业基地中，同时扩大税收优惠政策的范围，对于创业投资企业给予70%的所得税抵免政策。

3.技术创新政策

技术创新是国家长期发展无法忽略的问题，尤其是企业的创新能力，不仅是创新创业的重要组成部分，也是政府长期关注的重要方面。近20年来，我国也陆续实施了一系列科技计划，这对我国企业的技术水准和整体创新能力也有一定的提升作用。国家对企业创新的支持主要从行政、财政、服务几个方面展开。

行政上，2013年1月国务院办公厅印发《关于强化企业技术创新主体地位全面提升企业创新能力的意见》对进一步完善企业加大技术创新的投入机制，增强创新驱动同时提升对国有企业为首的众多企业投入考核机制提出要求。此外，对于加强科技成果转化、形成技术创新研发战略联盟、培育科技型中小企业等方面提出指导意见。2015年12月，为保证技术创新的良好环境尤其是法律保障，国务院出台《关于新形势下加快知识产权强国建设的若干意见》要求完善知识产权管理机制、加大对侵犯知识产权的惩罚力度，保证技术创新的开展及企业科技成果的保护。这对国家创新驱动的长远发展来看是十分有利的，只有有效的知识产权保护才能让各企业真正放开手大力加强研发与投入，并保证科技成果转化与普及。同时，为更好地刺激中小企业的技术创新发展，政府出台《关于加强中小企业技术创新服务体系建设的意见》等相关文件对促进创新活动予以政策性指导，同时财政上配合给予技术创新基地以无偿资助、贷款贴息、资本投入等不同方式的支持，资助中小企业的技术创新活动。2017年2月，国务院下发《关于促进开发区改革和创新发展的若干意见》，在强调坚持改革创新，强化经济开发区精简高效的管理特色，创新开发区运营模式，规范发展、构建开发区长效发展机制的原则下，提出持续推进开发区创新驱动发展，由要素驱动向创新驱动的转变，注重技术创新的发展与建立创新人才培养机制的新要求。总之，在技术创新的推进方面，近年来政府大力扶持，从国有大型企业到中小企业、从研发投入到产学研协同以及后续的知识产权保护等各方面均有明确指导和要求，这对长期而稳定的创新活动开展是十分必要的，也足见政府对于未来国家经济创新驱动的转型有整体而长期的规划和考虑。

稳定而持续的科研投入，对于国家技术创新的发展有着不可忽视的推动作用。但与此同时，我国科研投入总体上的占比仍旧落后于发达国家，这需要继续坚持对技术创新的重视与稳定的财政支持。另外，在我国科研投入中企业投入占比约为 70%，政府占比 30%，而在企业投入的部分中又有 77%来自大中型企业。由此可见，大中型企业是我国技术创新的主力。具体支持为，在贷款贴息方面，一般为企业申请项目贷款额年息的 50%~100%来确定具体的创新基金贴息额度，同时规定最高额度不超过 100 万元。从 1999—2002 年运作上可以看到，无偿资助为主要的资助方式，占比 74%以上，资助总额为 33 亿元，平均项目支持 66.7 万元。之后中央不断加大支持力度，到 2012 年，达到 43.7 亿元，平均项目支持达到 138 万元，同时加大间接的资助比例，使财政支持结构更加合理。对于服务上的支持，除了对于国有大型企业积极发挥领头羊的作用，积极完善技术创新服务体系的要求外，对于中小企业也有相应的要求和扶持。政府出台的《关于加强中小企业技术创新服务体系建设的意见》提出了建立针对中小企业技术创新的服务体系，进而推进技术进步和产业升级，并最终形成以企业为核心的技术创新体系，同时在融资贷款和基金投入方面提升民营企业的创新能力，为建立包含各类企业的全面服务体系打造与完善奠定基础。

任务二 国内创新与创业环境

案例导入

“玉米哥”杨天龙是一位地地道道的“80 后”。1983 年，他出生于兰州市榆中县高崖镇李家磨的一个农民家庭。家里的贫困已经成了不争的事实，初三那年，他辍学后走上了创业之路——养兔子，没想到创业失败的他无奈之下只得返校学习却又遭遇高考失利。随后，他一边创业，一边自学，最终考上了梦寐以求的中国农业大学。

2004 年，杨天龙从甘肃走向北京，开始真正的大学生活。由于自小在农村长大，他对土地有特别深厚的感情，所以他就主动找到班主任，请求帮他推荐一些玉米种子，希望能提高产量。当时,老师给他近30个品种的种子,在家乡进行引种。不久"水果玉米"引起了他浓厚的兴趣。这玉米会像哪种水果呢?苹果?桃子?还是梨?可是,玉米一天天长大了,看似和普通玉米没有什么区别。唯一的区别就是,这种玉米实在是太能长分枝了,太能吸引蚜虫了。成熟后,他尝了下,非常甜,但是甜而不腻。更奇怪的是,这个玉米能生吃。

2007年,他在自己家里种了八分地的水果玉米。水果玉米收获时,获得了不少亲朋好友的青睐,接下来他对水果玉米的经济效益展开市场调查,拿了几个生的和几个煮熟的到集市上卖,没想到十几个玉米棒子竟然能卖20多元钱。而且经过进一步查阅资料,他了解到:这种香甜能与西瓜相媲美的水果玉米富含维生素、矿物质及游离氨基酸等,易被人体消化吸收,是一种绝佳的新兴休闲保健营养食品。其水分含量达到78%,含糖量高达20%,绿色营养。看到水果玉米的经济效益和广阔前景后,他按捺不住心中的激动,决定实施一个能实现自己梦想的大计划:种植低投入、高收益的水果玉米,让它来带动家乡农业、经济的发展。

2008年,杨天龙开始在榆中县三个地方小规模试种水果玉米,种了约3亩地,收获后所有的水果玉米销售一空。其中,当地驻军的一个单位,还预订了第二年的货。在销售过程中,还出现了严重的供不应求。所以大学毕业后,他毅然决然地放弃了北京的工作机会,选择返回家乡种植水果玉米。

杨天龙用自己的诚恳和执着得到了大家的帮助,早在还没有毕业前,他就在北京注册成立了种业公司,公司的启动资金大半来自国家玉米改良中心的捐赠。杨天龙回忆道:"我当时去改良中心,把做甜玉米的想法与改良中心副主任谈了谈,他很赞成这个想法,就答应捐资一笔费用。"有了一个小实体,杨天龙把家乡的农户们组织起来,成立水果玉米种植合作社,走公司加农户的生产模式,尝试了一段时间后效果不错。

随着规模的扩大,杨天龙回到兰州组建了甘肃中美国玉水果玉米科技开发有限公司。他进一步整合各方资源,加强与地方政府的合作,在三年多的时间里,水果玉米已发展种植面积1 051亩,种植面积覆盖兰州榆中新营、高崖、甘草、清水、三角城、定远等15个乡镇。现有"中美国玉"注册商标,申请包装设计专利、实用新型专利各一个,绿色认证面积2 000亩。从2009年开始,合作社先后参加北京商品大集、兰洽会、跨国零售集团采购会、中国食品博览会等多次全国性展会。其中,2010年完成销售收入450万元,返回农户超过200万元。2011年完成销售收入2 500万元,返回农户超过1 700万元。杨天龙实现了用农业科学技术和产品让家乡富裕起来的梦想。2012年2月,杨天龙荣获"甘肃农村青年致富带头人标兵"称号,这对杨天龙用农业知识带动家乡致富的理想给予了极大的肯定。

在毕业即失业的今天,当大部分人还在迷途不知归路的时候,杨天龙另辟蹊径,从一根玉米入手,华丽地完成了自己的财富积累。其实不管在农村还是城市,也不管轻松还是劳累,只要肯干,善于将知识运用到实践中,就一定会成功。对于一个新型的创业青年来说,他的路还很长,正如他的水果玉米。

案例讨论：

1.对于以上案例，谈谈你的看法。

2.查阅并简评国内外大学生创业成功案例。

3.通过阅读创业成功人士的案例，你认为创业成功最关键的因素是什么？

一、国内创新创业的良性环境

党的十九大提出经济发展新常态，指出我国的经济发展新常态是以习近平为核心的党中央审时度势，在科学地分析国内外经济发展形势，并准确地把握我国基本国情的基础上，对我国经济发展的阶段性特征所做出的重大战略判断。当前，中国的经济发展速度已经从过去的高速增长逐渐转为中高速增长，经济结构不断优化升级，经济发展的动力逐步从要素驱动和投资驱动转变为创新驱动，经济结构由传统产业向新型产业转变，这一系列变化对我国劳动力供给提出了新的要求，同时也为创业者提供了更多的机会。创业能够促进产业结构、经济结构和社会结构的调整，有力地推动社会经济发展。

一个社会创业活动发展得越好，人们的物质、文化生活水平也就越高，从而推动社会经济的繁荣与发展。因此，创业是经济增长的一个积极促进因素。经济增长必然引起一系列产业结构、经济结构乃至社会结构的变化，而一系列的产业结构、经济结构乃至社会结构的变化又可以推动经济的增长。当前中国经济结构调整的重点是发展高新技术产业和对传统产业进行升级改造，大量成功的创业企业必然会为社会经济注入新鲜活力，有利于促进整个社会生产力的发展。

创业成功有利于社会资源的合理配置，从而推进经济结构的战略性调整。创业企业要能够生存并获得持续发展，必须具备很强的竞争力，从行业内的发展来看，创业企业的成功将会影响行业现有的经营格局，加剧行业经营的竞争状态，形成优胜劣汰的局面。竞争的结果有利于资源向经营良好、效率更高的企业流动，从而促进社会资源的合理配置，产生较高的社会效益，推动社会主义市场经济的快速发展。创业成功有利于促进知识到现实生产力的转化。一个国家知识密集型企业所占比重的大小，往往反映出这个国家科技实力与综合实力的强弱。知识密集型企业能够为社会带来相对较高的附加值，创造更多的社会财富。在当今中国，更多的创业企业正逐渐由具有较高知识水平的创业者创办，知识与管理已成为重要的资本参与企业的分配。因此，创业成功有利于知识向资本的转化，有利于资本与知识、技术的融合，资本借助知识又能发挥更强大的作用，这将有力地促进经济发展、财富增长和结构调整，提升国家整体竞争力。

从国内的形势来看，目前我国经济下行压力依旧很大，对于国内市场需求的进一步开发以及国内经济发展模式的转型有着更为迫切的需求，必须走一条高科技含量、高附加值的集约型发展道路。同时，我国全面改革的深入推进也需要依靠增强经济内生动力来支撑和推动各项体制与机制的改革。因此，无论是推动经济转型还是为全面改革提供活力和动力都需要我们坚持促进创新创业的持续发展来实现。自党的十九大以来，对于推动创新创业的发展就有了相关的部署与安排。李克强总理在2017年的《政府工作报告》中更是特别强调要大力推动“大众创业、万众创新”，并对全民的创新创业工作提出了新的任务和要求。所以推进“大众创业、万众创新”，是培育和催生经济社会发展新动力的必然选择，是扩大就业、实现富民之道的根本举措，是激发全社会创新潜能和创业活力的有效途径。

中国由于实施创新扶持政策，主要通过国家层面自上而下发起，并且国家长期在创新方面有持续性投入，宏观层面的执行力较强，效果是比较明显的。可以说通过创新创业的扶持政策，参与创新创业的人数和研发支出均逐年递增，说明创新创业政策促进了大众和企业对创新创业行为的参与程度，同时促进资本向创新创业项目流动，而通过相关性分析发现，创新人数与研发支出与创新创业成果呈强相关关系，因此最终促进创新成果的增加。

二、国内创新创业环境的不足

关于创新创业，国内环境虽呈现良好局面，但是仍然存在一些不足与欠缺。

1.创业分散，不成体系

我国创新创业侧重于宏观方面，主要为融资、地区政府孵化园等大型项目工程，如根据我国创业企业的成长特点以及国家产业发展的整体规划与要求，政府陆续成立了科技型中小企业技术创新基金、发展专项资金、国际市场开拓资金。创新基金主要是根据财政部与科技部审批并立项的国家项目相关企业的资金扶持。“双创”的顶端是国家的宏观政策，底端是创业家。如何把两端连接起来是关键。国家应持长远、具有战略性的眼光，明确创新创业中长期发展目标、整体布局、重点任务与专项规划，加强各政策与规划间协调配合，健全和完善科技、产业、财融、教育、人才、知识产权等一揽子政策体系，打造创新创业的体制架构和生态环境。

2.政策落实不足

在创业方面，国民创业意识较弱，创业者普遍存在资金困难，一些创业优惠政策难以有效落实。如人才、资本等要素本可自由流动，但政府部门却成为阻碍其流动的无形屏障。在北京某区注册的初创公司，在发展壮大后向租金成本更低的地区迁移时，政府因其是纳税大户，要求其仍在原地缴税的现象时有发生。在创新方面，与全球主要发达国家相比，我国创新竞争力水平依然有较大差距，创新创业在经济增长中的贡献仍较低，增长模式仍处于要素驱动和投资驱动并存阶段，制度环境仍需较大改善，如何向发达国家学习，如何向先进生产力和先进创新创业制度学习，持续优化我国的战略部署尤为迫切。

3.创新创业的政策支持体系不完善

目前，我国还未能开始形成相互补充的高效系统来对创新创业提供真正的帮助。比如在金融政策方面，尽管国务院下发相关文件对创新创业的金融支持提出了多方面的要求与指示，但除少数地方政府有持续性区域跟进细则出台外，在全国范围内未能形成完整的支持体系，许多创新创业企业在创业之初的融资渠道上仍旧依靠自我融资为主的内源性融资，国家建立的信用担保体系较为散乱、规模也较小，因而不能及时地给予创业企业有力保障以助其获得充足的融资。

政策法规的执行层面，由于创新创业的整体背景是在于国家主动推进经济转型以更好地应对全球化发展，在具体执行方面就会有所欠缺和需要完善的地方，加上我国由国务院统筹规划，各省市根据情况自行安排的模式也在一定程度上缺乏统一的执行体系，易导致雷声大雨点小的情况发生。在创新方面从上市公司数据反馈也可以看出，我国的技术创新更多的是从国家层面的高投入带来的，是资金驱动的方式，这使得许多资源与人才仅集中于国有大中型企业，许多中小企业、民营企业创新能力仍有所欠缺。

案例分析

雷雨，一位“90 后”女生，家境优越，大学毕业后进入家族企业，担任一家劳务公司的副总。在一次前往西藏的旅行途中，她在拉萨八角街与珠子结缘，成为微博上炙手可热的 DIY 达人。她放弃了“家族生意”，过起了与“珠”相伴的生活，没有实体店，不开淘宝店，仅靠一部手机做起了自己的小生意。她是“无心插柳”的创业者，从 2017 年 12 月 2018 年 12 月，她平均每天卖出 10 余串自己亲手制作的各种链子，月销售额超过 60 万元。

由于雷雨大学所学专业为艺术设计，一心想在本专业方面做事业。毕业后进入家族已经成形的劳务公司，与她的性格有较大冲突，兴趣与事业格格不入，在一次与朋友结伴去西藏旅游时，在拉萨的八角街，很多卖手链、项链的地摊吸引了她的注意，“不是因为它们好看，而是它们实在太难看了，居然还有那么多游客购买”。她发现商机，并且提出了一个令她兴奋的想法——以自己的艺术审美，打造更具审美价值的珠串。

当天晚上，雷雨将自己重新串好的链子发到微博，收到了不少好评，很多人提出购买的想法。第二天，抱着试一下的心态，雷雨将自己改装过的链子，在八角街摆起了地摊，很快就成了生意最好的，“不少外地游客跟我们一起坐在地摊旁，我串好一件他们就买走一件”。看到自己设计的手链这么受欢迎，雷雨开始冒出一个大胆的想法：不当副总了，自己创业！

她以 2 万元作为启动基金，在步行街开了一家店，同时，她利用互联网，把 DIY 的链子在网店上销售，创业至今，累计月销售额超过 60 万元。

她总结说，这一切不仅源于自己的创业想法，更重要的一点是，当前“大众创业、万众创新”的时代背景，使像她一样有创新想法的人能实现梦想！

案例讨论：

1.当前社会对于创新创业的认识是怎样的？

2.案例中雷雨的创业行为的支撑因素有哪些？

项目三

创新与创业思维的培养

知识目标

1. 了解创新思维的含义、特征及表现形式。

2. 了解创业思维的概念、基本内容及意义。

3. 了解创业精神的含义和内容。

技能目标

1.理解大学生创新思维的培养方法。

2.掌握大学生创业思维的培养方法。

学习重点

1.创业意识的含义、内容。

2.大学生创业意识培养的意义和途径。

学习难点

1.如何训练大学生的创新思维。

2.如何培养大学生的创业能力。

任务一 创新思维的培养

案例导入

自动摘收番茄问题的解决

20 世纪初,发达国家已实现农业机械化。然而,能自动摘收番茄的机器始终没有被发明,究其原因,主要是因为番茄的皮太柔嫩,任何在摘收番茄时能够抓紧的机械都可能因抓得过紧而将番茄夹碎。这里有两种不同的思维方式可以实现自动摘收番茄:第一种方式是致力于研究控制机器的抓力,使其既能抓住番茄又不会将番茄夹碎。但是,这项研究始终未能成功。第二种方式则是采用了一种从问题的源头解决的办法,即研究如何才能培育出韧性十足、能够承受机器夹摘而不会被夹碎的番茄,沿此思路,终于研制出一种"硬皮番茄",解决了自动摘收番茄的难题。

圆珠笔漏油问题的解决

圆珠笔是一种使用方便的书写工具。用很小的圆珠作笔尖的设想可追溯到 1938 年匈牙利人拉奥丁·拜罗的发明,拜罗圆珠笔专利采用的是活塞式笔芯。由于有油墨经常外漏的缺点,曾风行一时的"拜罗笔"在 20 世纪 40 年代几乎被消费者所抛弃。但只要把漏油的问题解决,圆珠笔的市场依然广阔。因而许多人尝试寻找解决漏油的途径。在解决过程中,主要表现出两种典型的思维方式:

第一种方式是从分析圆珠笔漏油的原因入手去寻找解决的办法。经过观察与思考发现,漏油是由于圆珠磨损变小,使油墨从磨损所产生的间隙中漏出,于是采用增加圆珠的耐磨性来解决。但此方式的结果并不令人满意,油墨照样外漏。

第二种方式是从控制油量方面寻找解决的办法。1950 年日本发明家中田藤三郎发现,圆珠笔一般写到 2 万个字就漏油,于是产生奇妙的构想,即控制圆珠笔的油量,使之写到 15 000 字左右刚好用完,再换新的笔芯。中田经过一系列试验终于解决了圆珠笔漏油的难题,为圆珠笔的大量使用立下了汗马功劳。

以上两例说明,面对同一个问题,不同的人采取不同的思维方式去寻求解决问题的办法,可能产生完全不同的实际效果。

案例讨论:

以上两个案例的第二种方式都取得成功,这说明了什么道理?

一、创新思维的含义

思维就是指人脑利用已有的知识，对记忆的信息进行分析、计算、比较、判断、推理、决策的动态活动过程，它是获取知识和运用知识求解问题的根本途径。人们在工作、学习和生活中遇到种种问题，都要“想一想”，这种“想”，就是思维。

创新思维，顾名思义是指思维的创新，是指对事物间的联系进行前所未有的思考，进而创造出新事物、新方法的思维方式。美国教育心理学家科勒涅克认为创新思维就是发明或发现一种新方式，用以处理某些事情或表达某种事物的思维过程。

上述两例中的第一种方式是大多数人习惯使用的思维方式，利用现有信息分析、综合、判断、推理而产生解决办法，即将所需解决问题与头脑中已储存的过去曾经用过、学过的或耳闻目睹过的历史问题作比较，以寻找解决问题的办法，其本质是通过学习、记忆和记忆迁移的方式去思考问题，这种思维称为习惯性思维。两例中的第二种方式是在已有经验的基础上，从某些事实中发现新关系、创造新方法以解决问题的思维过程，这就是创新思维。由此可见，创新思维是人脑的高级思维方式。

创新思维是创新的核心，是打破传统规则的约束，不断探索解决问题的新思路与方法。创新思维能促进生产效率的提高，有助于事业成功，也是推动大学生对未知事物产生强烈好奇心，摆脱固有的思维定式或思维框架，产生创造性思维并积极转化为探索创业的原动力。

二、创新思维的特征

1.突破性

突破性体现为创造者突破原有的思维框架，找到解决问题的突破口，抓住问题的本质。

例如，美国艾士隆公司董事长偶然看到几个小孩在津津有味地玩一只非常丑陋的昆虫。他顿时灵光一现，联想到：丑陋玩具可以突破人们的常规审美，消除审美疲劳，于是研制一套“丑陋玩具”，并迅速推向市场。思路一变天地宽。“丑陋玩具”项目给公司带来了巨大收益，并在美国掀起“丑陋玩具”热潮。

2.敏捷性

敏捷性即思维的流畅性，指思维的速度，在较短的时间内表达较多的概念。

例如，周总理答记者问。在1950年，一次外国记者问周恩来总理：“中国银行有多少钱？”面对这个一语双关的不友好的询问，从正面无论怎样回答，都不会产生好的效果。只见周总理坦然地笑笑说：“中国银行嘛，共有拾捌元捌角捌分钱。人民币是中央人民政府发行的货币，具有极高的信誉。”在场的中外人士经过短暂的惊讶而反应过来之后，立即钦佩地报以热烈的掌声。因为当时流通的人民币共有十种面值，即：拾元、伍元、贰元、壹元；伍角、贰角、壹角；伍分、贰分、壹分，它们相加的总和正是“拾捌元捌角捌分钱”。

3.灵活性

灵活性即思维的变通性，指思维的广度，随着条件的变化而转变，能摆脱思维定式的消极影响，灵活地运用各种思维方式。

例如，面对一个处于世界经济趋于一体化、竞争日渐激烈之中的小企业的前途问题，企业的管理者不能无动于衷或沿用老思路，否则，只有死路一条。企业管理者可以考虑引进外资，联合办厂，或者改组企业的人力、财力、物力的配置结构，并进行技术革新，或是加强产品宣传，并在包装上下功夫，或是上述三者并用。企业管理者还可以考虑企业的转产，或者让某一大型企业兼并，成为大企业的一个分厂。这里的第一条思路是方法、技巧的创新，第二条思路是结果的创新，两种不同的创新都是创造性思维在拯救该企业问题的应用。

4.独特性

独特性即思维的深度，指与他人看同样的东西却能想出不同的事物，敢于打破传统的常规思维的束缚，触及事物本质，寻求与众不同的新思想、新观念。

例如，1 毫米救活一家牙膏公司。某牙膏公司营业额连续十年递增，在第十一年出现了下滑。为救活企业，一位年轻经理给总裁递了一张纸条。纸条上只写了一句话：将牙膏管开口扩大 1 毫米。人们每天早晨习惯挤出同样长度的牙膏，牙膏管开口扩大 1 毫米，每个人就多用了 1 毫米宽的牙膏。这样，每天牙膏的消费量将多出许多。扩口后，公司的营业额增加 32%。

5.风险性

风险性即思维的难度。由于创造性思维活动是一种探索未知的活动，因此要受多种因素的限制和影响，如事物发展及其本质暴露的程度、实践的条件与水平、认识的水平与能力等，这就决定了创新思维并不能每次都能取得成功，甚至有可能毫无成效或者做出错误的结论。创新思维活动的风险性还表现在它对传统势力、偏见等的冲击上，传统势力和现有权威都会竭力维护自己的存在，对创新思维活动的成果抱有抵抗的心理，甚至仇视的心理。

例如，“日心说”与“地心说”理论。西欧中世纪，古希腊天文学家托勒密的“地心体系”的理论统治着人们的头脑，托勒密认为地球居于中央不动，日、月、行星和恒星都环绕地球运行。后来，哥白尼在《天体运行论》中发表了“日心说”，而后，布鲁诺接受并发展了哥白尼的“日心说”，伽利略通过望远镜观察天体，进一步研究地球围绕太阳旋转。不久，开普勒发现行星沿椭圆轨道运行，并提出行星三大运动定律，为牛顿发现万有引力定律打下了基础……因此可以这样说：科学是不断发现的过程，真理是不断创新的过程。当时宗教在社会生活中占据着绝对统治地位，一切与宗教相悖的观点都被称为“异端邪说”，一切违背此原则的人都会受到“宗教裁判所”的严厉惩罚。但是，创造性思维活动是扼杀不了的，伽利略、布鲁诺置生命于不顾，坚持“日心说”真理，证明教皇生活于其上的地球不是宇宙的中心。无法想象，如果没有两位科学家甘冒此风险，“地心说”不知何时被推翻。

三、创新思维的表现形式

1.发散思维

发散思维也叫多向思维、辐射思维或扩散思维，是以一个事物的结构、功能、材料等为中心，思维向不同的方向发散，充分发挥人的想象力，从同一事物的不同方面思考同一问题，找出尽可能多的答案、设想或解决办法。黑格尔讲“创造性思维需要有丰富的想象”。

例如，铅笔的故事。美国纽约一所穷人学校——圣·贝纳特学院，给新生入学的考试题目是“铅笔的用途”。借此告诉学生铅笔不仅能用来写字，还能替代尺子画线作为礼品送朋友表达友爱，当作商品出售获得利润，演出时可以临时用来化妆，铅笔芯磨成粉后可以做润滑粉，削下的木屑可以做成装饰画；在野外缺水时，铅笔抽掉芯后能当作吸管喝石缝中的水；在遇到坏人时，削尖的铅笔还能作为自卫的武器……

2.聚合思维

聚合思维也称收敛思维，是指以某个思考对象为中心，从不同的方向或角度，经过比较、分析和筛选后，找到解决问题的最优方案的一种思维方法。聚合思维与发散思维是相对而言的，后者以前者为基础，前者以后者为导向，两者相互协同、交替运用的过程就是创造性思维得以发挥的过程。

例如，高尔基装蛋糕。高尔基童年时在食品店干杂活，曾碰到过一位刁钻的顾客，“订九块蛋糕，但要装在四个盒子里，而且每个盒子里至少要装三块蛋糕”。怎么办？高尔基的办法是：先将九个蛋糕分装在三个盒子里，每盒三块；然后再把这三个盒子一起装在一个大盒子里，用包装带扎好。高尔基巧妙地运用了聚合思维，满足了顾客的需求。

又如，一条新闻的启示。1875 年的一天，美国企业家亚默尔公司的创始人菲利普·亚默尔从报纸上看到墨西哥的一种牲畜病例的消息。他想，要是墨西哥真的发生了家畜瘟疫，美国邻近的两个州——加利福尼亚州和得克萨斯州势必受到传染。而这两个州是美国肉类食品的供应中心，一旦发生瘟疫，整个美国的肉类供应必将严重短缺。经过一番盘算，他立即打电话请来家庭医生，他要求医生立即飞到墨西哥去，医生第二天到了那里，证实了他根据报纸新闻作出的判断正确无误。亚默尔掌握了这一情报后，便迅速行动起来，他集中全部能够动用的资金在这两个州抢购了大批牛肉和生猪，把它们运到美国东部。不久瘟疫在这两个州传播开来，美国政府严厉禁止这两个州的一切肉类食品外运，市场上肉类食品紧缺，价格猛涨。而贮备充足的亚默尔在短短几个月之内，就赚了 600 万美元。亚默尔能从一条简单的信息中看到巨大的商机就是运用了收敛思维。

3.联想思维

联想思维是指在人脑内记忆表象系统中由于某种诱因使不同表象发生联系的自由思维活动。联想思维有类比联想、相似联想、因果联想、对比联想等。比如“一叶落知天下秋”。

又如,太阳锅巴的诞生。西安宝石轴承厂厂长李照森及其夫人发明的锅巴片,获得了国家专利,其生产技术已在十多个国家和地区获得专利权。一次偶然的机会,李照森陪客人到西安饭庄进餐,发现人们对一道用锅巴做原料的菜肴极感兴趣,于是引发了以下联想:“锅巴能作成一种菜肴,为什么不能成为一种小食品呢?”“美国的土豆片能风靡全球,中国为什么不能创出锅巴小吃打出国门呢?”接着就是试制、成功、投产、走俏。之后,联想进一步展开,既然搞成了大米锅巴,当然还可以用其他原料做成别样风味的锅巴。一时间,小米锅巴、五香锅巴、牛肉锅巴、麻辣锅巴、孜然锅巴、海味锅巴、黑米锅巴、果味锅巴、西式锅巴、乳酸锅巴、咖喱锅巴、玉米锅巴等不一而足、琳琅满目。既然锅巴畅销,那么类似于锅巴特征的食品也被相继开发问世,如虾条、奶宝、蓼宝、麦圈、菠萝豆、乳钙香酥、营养箕子豆等,这些风味多样的新产品使小食品市场五彩缤纷,也使西安太阳集团积累了丰厚的财富。李照森运用联想思维的相似联想创新思维,把锅巴做成小食品,投入市场,不但畅销全国,还打入了世界市场。

4.逆向思维

逆向思维法就是不采用人们通常思考问题的思路,而是反过来,从对立的、完全相反的角度去思考问题的方法。逆向思维法通俗地讲就是“背道而驰”“反其道而思之”,这是一种非常奇特的思维方法,常常能做出突破性的发明创造。在我们的日常生活中,有时会有这种现象,你要求某人一定把这件事做好时,他表现出满不在乎的样子,事情做得经常不让人满意;如果你用怀疑的眼光,怕他做不好这件事,他往往做得让人满意。这就是逆向思维起作用。所以,在我们的日常工作、学习和生活中,遇到不能解决的问题或困难时,请不要苦恼,不妨改变一下思路,转换一下视角,你就会感到峰回路转、柳暗花明。例如,司马光砸缸的故事。

又如,贵州茅台酒。由于贵州茅台酒的品质纯正,香味清纯,深得我国人民的喜爱,人们以能喝到茅台酒为生活中的一大享受。1915 年,茅台酒第一次拿到世博会展销的时候,外国人却没一点兴趣,更谈不上订货。为什么呢? 原来茅台酒的包装太陈旧,不吸引眼球。换包装吧,时间来不及,继续宣传吧,外国人不听。这时有个工作人员很机智,想出了一个办法:你看到的是外包装,要让你感受到酒的内在魅力! 他故意把一瓶茅台酒掉在地上摔破,结果酒香四溢,吸引了众多外国人,茅台酒顿时成为世博会的新宠。

5.组合思维

组合思维,是指把看似不相关的事物通过移植、解构等方式整合起来,从而构成一个具有独特结构、功能和特征的新事物形象过程的思维方式。

例如,千姿百态的文具盒。日本有一家名叫普拉斯的经营文化用品的小企业,曾经一度面临倒闭的危险,一名年轻女职工设计出一种长方形的塑料盒,里面放进铅笔、圆珠笔、橡皮擦、小刀、圆规、三角板、直尺一类的文具,并且在盒子的外面印上色彩鲜艳和形象优美的图画,把它们一起向顾客出售。老板立即采纳了她的创意。这一新产品投入市场后,大受顾客的欢迎。组合文具盒使普拉斯公司不仅摆脱了困境,而且获得了巨额利润,并成为世界闻名的大企业之一。

6.形象思维

形象思维是指在形象地反映客体的具体形状或姿态的感性认识基础上,通过意象、联想和想象来揭示对象的本质及其规律的思维形式。

例如,太太的腰围。一位男士到超级商场为他的太太挑选一条裙子。售货小姐问他:“您太太的腰围是多少?”男士回答:“不知道,不过……”男士凝思了一会儿,又说:“我家里有一台 20 英寸的彩电,我太太站在它前面时,正好把整个屏幕遮住了。”

又如,现在很多单位都要升国旗,特别是中、小学校,要在每周星期一早晨,举行全校师生一起参加的升国旗仪式。在升旗过程中,一般都是一边缓缓升旗,一边高唱或高奏国歌,国旗一升到旗杆的顶端,国歌正好结束,这当然是最理想的情况。可是这种情况出现的时候不多,常常都是要么国歌还没奏完或唱完旗已到顶,要么是旗还没到顶国歌已经奏完或唱完。这个难题显然可以用设计专用的电动控制设备的办法来解决,但为此要费很多事,花很多钱,一般都会认为没这个必要。四川省成都市第 24 中学的一名学生,他在旗杆的绳子上动了一番脑筋,想出了一个既能解决问题,又省事省钱的好办法。他对这个问题的解决进行了这样的想象:如果按照国歌的旋律和节奏在旗绳上定出一些间隔,再在各个间隔上填入相应的歌词,升旗时一边拉绳,一边看旗绳上的歌词,这样便能做到使升旗与唱奏国歌同步。可见,他思考这个问题时就运用了形象思维的方法。

7.灵感思维

灵感思维是指在积累大量经验的基础上,人的大脑对客观事物内在本质、规律的常规思维过程中突然发生的飞跃和质变,它使人以一种豁然开朗的方式获得新形象、新概念或新思想。

例如,蛋卷冰淇淋的产生。那是在 1904 年,一个叫欧内斯特·汉威的小贩,获准在圣路易斯世界博览会上设摊出售查拉比饼。这是一种很薄的鸡蛋饼,可以同其他甜食一起食用。在他所摆的小摊旁边,是另一个用小盘子卖冰淇淋的摊子。一天,他俩的生意都特别好。卖冰淇淋的小摊把盘子用完了,而小摊的前面还站着许多顾客,眼看就要失去赚钱的大好机会,把卖冰淇淋的小贩急坏了。欧内斯特·汉威也在一旁替他着急,一急之下,汉威灵机一动,想出了一个办法。他把查拉比饼趁热时卷成一个圆锥形,而等它凉了以后便用它来代替盘子盛冰淇淋,这一应急措施出乎意料地大受顾客们的欢迎,而被人们誉为“世界博览会的亮点”,这也就是蛋卷冰淇淋的由来。

四、大学生创新思维的培养方法

(一)高校要提高创业教育水平,加强创新思维培养

一是高校坚持开设创业创新指导课程,强化教学效果和实用指导性,提高大学生创业能力;二是加强授课方式改革,突破原有的单一性课堂授课模式,采取多渠道、多层次、

多角度授课形式，从课堂授课拓展到专题讲座，如邀请成功的大学生创新创业代表、优秀的创业校友现身说法，介绍创业经验，分享创新理念，帮助大学生解读创业道路中的困惑，激发大学生创业创新的热情；三是组建创新创业团队，建立跟踪扶持系统，加大扶持力度。

（二）培养一支具有创新思维的师资队伍

要培养有创新思维的学生，首先要有创新思维的教师，教师要改变传统的教学方法、加大教学改革力度。高校要适应社会发展的要求，充分发挥培养人才、服务社会的社会功能，就必须不断地改善办学条件，包括硬件条件和软件条件，其中教师质量是培养合格的社会主义建设者和可靠接班人的基础和前提，让教师走出去多学、多看、多思考，提升教师的创新能力。因此，高校要花大气力培养和引进高素质教师，特别要注重教师创新意识的培养和提升，只有这样才可能培养出具有创新思维的大学生。

（三）大学生积极参与社会实践活动，加强实践性思维的培养

"创新源于实践""实践出真知"，思维是在实践基础上的分析综合，然后做出判断推理的过程，创新思维也离不开实践活动。实践性思维要求大学生在实践中进一步认识世界，开动脑筋，寻求突破，推动创新。大学生积极参与社会实践活动，不断积累实践经验，这是培养创新思维的根本基础。

（四）加强大学生创新性思维的训练

学校要有意识地给予大学生在校学习期间创新思维培养和锻炼的机会，以各种培训和孵化基地做推手，推动大学生在校期间创新思维的培养。常见的创新思维训练有头脑风暴法、发散思维法、组合创新法、5W2H 法等多种方法。

1.头脑风暴法

头脑风暴法又称智力激励法，是由美国创造学家奥斯本于 1939 年提出的一种激发性思维训练法。此法通常采用专家小组会议的形式进行，与会者自由思考、畅所欲言、互相启发，从而引起思想互振，产生组合效应，激发更多的创造性思维，获得创新的设想。此法核心是"激智"和"集智"。"激智"就是把大家的潜在智慧激发出来。"集智"就是把大家的智慧集中起来。此法的关键是"让思想飞起来，让风刮起来"。刚开始有人煽一点风，经过互相启发，有更多人煽风，通过互相激发，使风的能量进一步增大，从而掀起思想的波澜，刮走思想的尘埃，扫除思想的羁绊。

头脑风暴法不仅是一种训练，也是一种行之有效的创新实践。例如，北京奥运会的吉祥物"福娃"设计就是运用头脑风暴法的典型案例。"福娃"并不是由一个专家设计完成的，而是在集思广益的基础上，再由诸多专家组成的吉祥物修改创作小组集体设计完成的，是集体智慧的结晶。

例如：坐飞机扫雪。有一年，美国北方格外严寒，大雪纷飞，电线上积满冰雪，大跨度的电线常被积雪压断，严重影响通信。过去，许多人试图解决这一问题，但都未能如愿以偿。后来，电信公司经理应用奥斯本发明的头脑风暴法，尝试解决这一难题。他召开了

一种能让头脑卷起风暴的座谈会，参加会议的是不同专业的技术人员，要求他们必须遵守以下原则：①自由思考。即要求与会者尽可能解放思想，无拘无束地思考问题并畅所欲言，不必顾虑自己的想法是否“离经叛道”或“荒唐可笑”。②延迟评判。即要求与会者在会上不要对他人的设想评头论足，不要发表“这主意好极了！”“这种想法太离谱了！”之类的“捧杀句”或“扼杀句”，至于对设想的评判，留在会后组织专人考虑。③以量求质。即鼓励与会者尽可能多而广地提出设想，以大量的设想来保证质量较高的设想的存在。④结合改善。即鼓励与会者积极进行智力互补，在增加自己提出设想的同时，注意思考如何把两个或更多的设想结合成另一个更完善的设想。

按照这种会议规则，大家七嘴八舌地议论开来，有人提出设计一种专用的电线清雪机；有人想到用电热来化解冰雪；也有人建议用振荡技术来清除积雪；还有人提出能否带上几把大扫帚，乘直升机去扫电线上的积雪。对于这种“坐飞机扫雪”的想法，大家心里尽管觉得滑稽可笑，但在会上也无人提出批评。相反，有一位工程师在百思不得其解时，听到用飞机扫雪的想法后，大脑突然受到冲击，一种简单可行且高效率的清雪方法冒了出来。他想，每当大雪过后，出动直升机沿积雪严重的电线飞行，依靠调整旋转的螺旋桨即可将电线上的积雪迅速扇落。他马上提出“用干扰机扇雪”的新设想，顿时又引起其他与会者的联想，有关用飞机除雪的主意一下子又多了七八条。不到一小时，与会的 10 名技术人员共提出 90 多条新设想。

会后，公司组织专家对设想进行分类论证。专家们认为设计专用清雪机，采用电热或电磁振荡等方法清除电线上的积雪，在技术上虽然可行，但研制费用大、周期长，一时难以见效。那种因“坐飞机扫雪”激发出来的几种设想，倒是一种大胆的新方案，如果可行，将是一种既简单又高效的好办法。经过现场试验，发现用直升机扇雪真能奏效，一个悬而未决的难题，终于在头脑风暴会中得到了巧妙的解决。随着发明创造活动的复杂化和课题涉及技术的多元化，单枪匹马式的冥思苦想将变得软弱无力，而“群起而攻之”的发明创造战术则显示出攻无不克的威力。

2.发散思维法

发散性思维指的就是在人解决问题的思维过程中，对某一问题的解决，要求产生多种可能的解决方法，而不是单一方法的思维方式。此法是一种思维扩展的创新训练方法，通过天马行空、胡思乱想、不切实际、无边无际地扩大思想领域，激活沉淀的思想。

例如，在一次教学实践中，老师出了一道古老的智力题：“树上有 10 只鸟，打死 1 只，还有几只？” 有一个最笨的回答：“打死 1 只，还有 9 只。”最聪明的、也是被认为唯一正确的答案：“打死 1 只，就一只也没有了，因为它们都被吓跑了。”还有学生们说出了下面一些答案：①还有 1 只死鸟挂在树上；②还有 9 只，因为是用无声手枪击中的；③还有 2 只，树上鸟窝里有 2 只不会飞的雏鸟；④还有 9 只，在风雨交加的天气，枪声被掩盖了；⑤还有 1 只，这只鸟是聋子；⑥还有 10 只，因为它们受伤飞不起来了。

这就是发散思维训练，它通过有趣的、不着边际的思想和表现，让脑细胞活跃起来，让思维的触须探索被遗忘的空间领域。

3.组合创新法

组合创新法是指把现有的技术或产品通过功能、原理、机构等的组合变化,形成新的技术思想或新的产品的方法。组合的类型包括功能组合、系统组合等。根据认识和改造客观世界的需要,人们通过组合想象,可以使已有的一些事物形成新的联系,可以构成见所未见、闻所未闻的事物形象。组合想象思考法在人们各方面的创新活动中发挥着巨大的作用。

例如,多用童车的产生。有位儿童商品生产商,偶然看见一个家长一手抱孩子,一手吃力地拿着一辆小三轮车。他猜想这是因为孩子骑车骑累了要大人抱,才出现了这种情况。这位生产商想,如果设计一种多用童车,家长们就不用受这份累了。他首先想象出把坐式推车和三轮童车组合起来,在小三轮童车的后面加上一个推把。后来,他又想到加一个连接装置,把童车挂在自行车上作母子车用;接着他又想到,再加一个摇动部分,便可当安乐椅;而要是前面再装一个把手,还能让孩子当木马骑。经过这些不断地组合想象,他设计出了与众不同的“多用童车”。

4.5W2H 法

5W2H 法的含义是为什么(Why)、做什么(What)、谁(Who)、何时(When)、何地(Where)、如何做(How)、多少(How much)。人们利用这 7 个问题进行设问,发现解决问题的线索,探寻创新思路,实现新的发明创造。5W2H 分析法简单、方便、易于理解和使用,富有启发意义,对于决策和执行性的活动措施非常有帮助,也有助于弥补考虑问题的疏漏。众所周知,提出一个好的问题就意味着问题解决了一半,提出疑问对发现和解决问题是极其重要的。

任务二 创业思维的内涵

案例导入

“冰棍”的诞生

1905 年的一天下午,一个叫弗兰克·埃伯森的人,调配好一杯苏打水忘了喝。杯子放在室外,汤匙也忘了从杯子里取出。这天夜里,气温骤然下降到零度以下,苏打水结成了冰块,汤匙被裹在冰块里成了冰块的“柄”。埃伯森欣喜地看出:这样的带柄冰块,不是可以用来制作一种冰食品吗?于是没过多久,经过埃伯森的加工与改进,市场上便出现了“冰棍”这一新食品,埃伯森由此取得了生产这种食品的专利。由此可见,由于埃伯森具有强烈的创新敏感和创业思维，才能发现和利用“冰棍”所呈现出来的巨大开发价值。

我国作为一个人口大国，就业形势往往要比其他国家严峻，大学生创办企业的成功率较低。究其原因，除知识限制、经验缺乏、资金缺乏、创新能力薄弱外，很大程度上归咎于我国大学生缺乏一种创业思维。

一、创业思维的概念

17 世纪爱尔兰经济学家理查德·坎蒂隆最早将创业思维定义为不确定环境下人们的应急商业判断。创业思维作为应对不确定性的一种态度、一种解决问题的观念和方法，它强调识别或创造市场机会并采取行动实现目标。目前国内对创业思维的解释要从广义和狭义两方面来理解。创业思维从广义上说是指创业者对创业行为的一切设想与思考。从狭义上说是指个体根据社会和自身发展的需要所引发的对创业的理解、构想、意愿和思维，通过有组织的努力，以创新的方式追求机会，创造价值的过程。它是从事创业活动的指挥棒和内驱力，支配着创业者对创业活动的态度和行为。

例如，分众传媒创始人、首创电梯媒体创始人——江南春。一天，他看到电梯门上贴着小广告，从中发现楼宇电梯口这个特定地点的广告价值，想出在电梯旁安装广告视频的办法，于是成立分众传媒，创造出楼宇视频广告的新商业模式。

二、创业思维的意义

1.创业思维能激发大学生的创业意识

意识源于人的思维活动，是思维活动的产物。面对相同的现实世界和商业环境，拥有相同技术和知识储备的人，因为思维方式不同，会产生不同的思维结果，形成不同的意识。创业思维引导思考者突破成规，以更开放的态度谋划未来，不仅仅局限于在现有的职业和商业价值链中谋求生存和发展机会，更乐于把发现的创业机会和灵感生成创业愿景，并将实现创业规划当成个人发展的重要选项，形成强烈的创业意识。

2.创业思维能指导大学生创业能力的培养

新形势下我国高校大学生创业活动有创业思维的指导，则大学生的创业能力培养就有了主动性、自觉性和方向性。通过创业思维的培养与教育，可使大学生认识到创业不仅是自我生存和发展的需要，更是实现自我价值和促进社会进步的需要。

3.创业思维能提升大学生发现创业机会的能力

创业包括开发和生产客户真正需要的产品和服务，创造新价值，或者实施新的生产流程、引进新的组织结构、开拓新的采购市场和销售市场等，从而节约生产成本、采购成本和销售成本，创造新价值。无论是客户对产品和服务的真实需要，还是更有效的生产方式、组织方式和市场渠道的发现都需要创业者运用创业思维去识别。

4.创业思维能决定大学生创业行动的成效

创业的探索性和不确定性特征决定了创业过程不可能完全按照创业者的计划展开，

不断遇到各种各样的阻碍和问题才是创业活动的常态。在面对资源约束和各种难题时，有创业思维的人，往往会在创业思维方式的引导下，主动地、创造性地寻找问题的解决方案，思考新的发展机会。创业思维能够引导创业者在“干中学”，找到解决问题的办法，不断修正创业方向，直到取得创业的成功。

三、大学生应具备哪些创业思维

1.职业思维

大学生创业不同于学业，创业需要在社会领域内操作，还需要具备相应的实践经验，想创业的大学生，在校园学习的时候，就应注重职业思维的培养，熟悉一些专业技术领域的运作方式，从事相应的职业训练，掌握必备的职业操作技巧，形成相应的职业思维方式。只有这样，大学生毕业以后尝试创业时才会从容不迫，不会显得手忙脚乱，创业项目实施起来才能做到有的放矢。

2.商业价值思维

创业思维不仅强调发现新的商业机会，而且要知道“在什么时机”“用什么方式”利用这些商业机会才能获利。创业机会的发现、创业计划的设计、创业资源的寻找、创业市场时机的选择都建立在商业价值判断与比较基础上，这就要求大学生提升自己的价值判断力和价值创造力，养成商业价值思维习惯。

3.管理思维

任何一个创业项目的实施，负责人都应具备相应的经营能力，熟悉市场调研、市场预测、市场营销、售后服务等经营知识。管理思维的形成要从学会经营、学会管理、学会用人、学会理财等方面去努力。这就要求大学生多学习经营管理方面的相关知识，培养自身的管理思维，使自己团队的创业项目不断变大变强。

4.协作思维

创业不是一个人单打独斗可以完成的事业，而是一个系统工程。它需要整合和利用各种人力、物力、财力、技术、社会关系等资源为创业机会服务，这样才有可能促成创业目标的实现。利益分享是协作的基础，这要求创业者在利益共享的基础上整合利用资源，养成协作思维习惯。

5.弹性思维

弹性思维是对不确定性持开放态度，并事先将不确定性纳入考虑范围，当遇到问题时，不固执蛮干，而是从多个角度、用多种思维模式、在试错中寻求解决问题的办法。这就要求创业者首先要对不确定性与风险有客观认识，事先意识到创业过程中犯错误甚至失败是难免的，重要的是要对各种可能的错误和失败制订周密的行动计划，以超越偶然和运气促成目标的实现。从这个角度看，培养弹性思维对创业思维的形成至关重要。

6.发散思维

假如一个问题可能有多种答案，那就以这个问题为中心往外发散，找出尽可能多的答案,这对于创业前的风险和机会评估十分重要。

例如,请你尽可能想象"△"和什么东西相似或相近?(答案:和"△"相似或相近的东西有:馒头、涵洞、峭石、山峰、堡垒、城门、隧道口、喷水池、橱窗、问讯窗口、尼龙秧棚、坟墓、萌芽、彩虹、乌篷船、抛物红、仙鹤戏水、镜片、电视机屏幕、枪洞、子弹头、树荫、海上日出、跳水、弯腰、插秧、拱桥、盾牌、活页木铁夹、天边浮云、英文字母"D"等)。回答得越多,发散思维的流畅程度越高。

7.互联网思维

互联网时代的到来带给了我们机遇和惊喜的同时,也带来了更多的迷茫,众多企业和商家面对时代的转变缺乏的是互联网思维。互联网信息技术的飞速发展,改变了传统的创业理念和思维方式,跟传统的创业模式相比,互联网创业不需要太大的资金投入,大大降低了创业准入门槛的难度,尤其适合这群朝气蓬勃的年轻人进行尝试,这就给想创业的大学生搭建了大舞台。

例如,共享单车,共享经济。共享单车作为一种新生的事物和生活服务方式,却以一种不可思议的速度,迅速地火遍了全国,充斥在各地城市的大街小巷中,让人们很快接受的同时也成了资本界的宠儿。2016 年的二三月份全国市场占有率前两位的 ofo 与摩拜分别完成了 4.5 亿和 2.15 亿美元的巨额融资,这让人们不得不感叹共享经济时代的来临。共享单车的成功在于顺应了市场的需要,从一开始的"产品"就将互联网思维的手段运用其中,以互联网时代的思维建立了一种新型的共享经济,这是人们进入互联网时代后出现的必然产物。它不仅迎合了人们现在追求低碳环保出行的理念,更是资源的充分利用和整合。

任务三

创业思维的培养

案例导入

比尔·盖茨的创业思维

比尔·盖茨 1955 年 10 月 28 日出生于美国西雅图的一个普通家庭,初中时就迷上了电脑,在小伙伴中以精通电脑小有名气。13 岁时他便选择了编写计算机程序作为终生职业。16 岁时,他在中学学习时就设计出了一种记录西雅图交通状况的软件。1973 年在父母的影响下,比尔·盖茨进入著名的哈佛大学学习法律。但他的志趣在电脑,便用心钻研的是数学、物理和计算机方面的知识。他利用学校的计算机开发出一种软件,赚了不少钱。学校认为他违背了教学设施不得用于个人牟利的规定,受到了学校的严厉批评和警告。当时电脑尚处于初期发展阶段，他却看出了“将来每个家庭、每个台面上都会有电脑”，意识并预测到了电脑必将大有发展前途。1975 年 7 月，比尔·盖茨毅然退学，与好友艾伦一起创办了微软公司，专门从事软件产品的开发。这一年，他刚满 20 岁。经过 20 年的时间，作为微软公司的董事长兼首席执行官，比尔·盖茨连续多年稳居全球巨富排行榜榜首。其意义更为重大而深远的是，微软公司的崛起被人们视为新知识经济开始形成的标志，比尔·盖茨被视为知识经济时代正向我们大踏步走来的代表人物之一。比尔·盖茨在青少年时期便看出了刚起步不久的新兴电脑产业的宏伟发展前景，立志终生为其献身，这种超乎常人的敏锐意识和远大眼光，是他选择开发电脑软件作为终身事业的最关键因素，在他思考和决定从事电脑软件开发事业的思维过程中，有高瞻远瞩的创业思维方法在起作用。

一、创业思维的基本内容

知识产业化和信息产业化的迅速发展，既给我们带来严峻的挑战，也给我们提供了发展的机遇。高校在创业教育过程中，积极强化学生的创业思维，要求学生要有足够的创新意识、创业精神和创新能力。

（一）创业意识

1.创业意识的含义

创业意识是指人们从事创业活动的强大内驱动力，是创业活动中起动力作用的个性因素，是创业者素质系统中的驱动系统。它不仅体现在“想”的层面上，更重要的在于拥有创业的计划和坚定创业的理念。创业意识是提高创业认识，是创业活动的内在精神动力，也是培养创业能力过程中一个非常重要的因素。创业意识的五要素包括：

（1）创业需要

创业需要指创业者对现有条件的不满足，并由此产生的最新的要求、愿望和意识，是创业实践活动赖以展开的最初诱因和最初动力。但仅有创业需要，不一定有创业行为，想入非非者大有人在，只有创业需要上升为创业动机时，创业行为才有可能发生。

（2）创业动机

创业动机指推动创业者从事创业实践活动的内部动因。创业动机是一种成就动机，是竭力追求获得最佳效果和优异成绩的动因。有了创业动机，才会有创业行为。

（3）创业兴趣

创业兴趣指创业者对从事创业实践活动的情绪和态度的认识指向性。它能激活创业者的深厚情感和坚强意志，使创业意识得到进一步的升华。

（4）创业理想

创业理想指创业者对从事创业实践活动的未来奋斗目标较为稳定、持续的向往和追求的心理品质。创业理想属于人生理想的一部分，主要是一种职业理想和事业理想，而非政治理想和道德理想。创业理想是创业意识的核心。

2.创业意识的意义

“思路决定出路”。要想取得成功,创业者必须具备自我实现、追求成功的强烈的创业意识。强烈的创业意识能够帮助创业者克服创业道路上的各种艰难险阻,将创业目标作为自己的人生奋斗目标。培养大学生的创业意识,强化创业意识,是促进未来大学生创业思维形成的关键。

3.创业意识的内容

(1)商机意识

真正的创业者,会在创业之前、创业中和创业后,始终面临着识别商机、发现市场的考验。他必须有足够的市场敏锐度,可以宏观地审视经济环境,洞察未来市场形势的走向,以便做出正确的决策来保证企业的持续发展。

(2)转化意识

创业者仅有商机意识是不够的,还要在机会来临时抓住它,也就是把握机会,把商机转化成实实在在的收益和公司的持续运作,最终实现自己的创业梦想。转化意识就是把商机、机会等转化为生产力,把你的才能、你的知识转化为智力资本、人际关系资本和营销资本。

(3)战略意识

企业战略是基于创业意识之后产生的,是一种人为性的,基于目前资源形势的判定之后对远景的布置以及大体行动的方法总纲。战略制定就是通过创业者的智慧,将小的资源转化为大的资源,将少的资金转化为多的资金。创业初期给自己制订一个合理的创业计划,解决如何进入市场、如何卖出产品等基本问题。创业中期需要制定整合市场、产品、人力方面的策略,转换创业初期战略。需要指出的是,创业战略不止有一种,也没有绝对的好坏之分,关键是要适合自己的创业之路。在这条路上应时刻保持着战略的高度,不以朝夕得失论成败。

(4)风险意识

商场如战场,创业者要时刻考虑产品开发风险、市场风险、资金回笼风险、供货商的风险、竞争风险等。据统计,全国每年至少有45%的新创公司在不到一年的时间就关门倒闭。创业者对可能出现或遇到的风险准备和认识不足,是我国当前大学生创业活动中的一个普遍现象。其实,做任何生意都是有风险的,生意越大风险就越大。风险意识既是发展中的风险考量和防控,也是危机时的放弃和重来的勇气。创业者要认真分析自己在创业过程中可能会遇到哪些风险,一旦这些风险出现,要懂得应该如何应对和化解。大学生是否具备风险意识和规避风险的能力,将直接影响创业的成败。

(5)勤奋敬业意识

李嘉诚说:“事业成功虽然有运气在其中,主要还是靠勤劳,勤劳苦干可以提高自己的能力,就有很多机会降临在你面前。”大学生创业,一定要务实,要勤奋,不能仅仅停留在理论研究上。可以从小投资开始,逐步积累经验,不能只想着一口吃个胖子。没有资金,没有人脉都不要紧,关键是你要有好的思路和想法,有勇气去迈出第一步,才会成功。

4.大学生创业意识培养的途径

①树立远大理想坚定报国信念。坚持用科学的理论武装头脑,树立正确的人生观、价值观和世界观,坚定为实现中华民族的共同理想、为祖国的现代化建设奉献自己的智慧和力量的决心。

②善于学习新知识,培养强烈的事业心和责任感,刻苦钻研、勤奋工作,努力学习新知识,牢固掌握专业知识及技能;树立高标准、严要求、不怕困难、勇于创新、敢于创业,争创一流的思想,从而激发创业意识。

③脚踏实地地工作,科学确立创业理念。在日常工作与学习中,要坚持解放思想与实事求是相统一,既要敢想敢干,又要求真务实;积极参与各种创业与创新活动,在活动中感受创业情境;依据社会公理,脚踏实地,科学确立创业理念。

④积极投身社会实践,养成善于观察、勤于思考的良好习惯。在实践中锻炼自己,了解社会,了解自我,完善素质,提高能力;通过对事物的观察和思考,激发创业需要,树立创业理想,坚定创业信念。

⑤摒弃安逸思想,培植个人求发展的心理。创业活动过程会遇到很多困难,如果没有坚定的创业信念,仍抱着随遇而安的安逸思想是不可能成就一番事业的。在生活工作中要注意培植个人求发展的心理,积极进取,不安于现状,使创业需要发展为创业动机。

⑥发展健康个性与兴趣。健康的个性与兴趣可以激发创业者的创业热情,升华创业意识,是创业意识形成的重要因素。因此,要创造可发展健康个性和兴趣的自由空间,积极参加兴趣小组和社团活动,有意识地培养和发展自己的兴趣爱好。

(二)创业精神

案例

世界上第一个"网上书店"

在电子商务全球化上,没有任何一家企业能够做得比亚马逊更出色,而这出色的背后正是依赖于亚马逊的创始人杰夫.贝索斯,这是一位被业界认为继乔布斯之后最具创新精神的企业家。1986 年,贝索斯在普林斯顿拿到计算机学位后,在一家信托公司做计算机系统的管理员,不久,他又成为一家银行的高级副总裁,可谓事业蒸蒸日上,前途无量。但是,他是一位富有创业精神的人,在一次网上冲浪时,他偶然进入一个网站,了解到网络用户的剧增情况,决定开办网络书店。于时,他创建了亚马逊网上书店。该书店为读者提供了 310 万个书目,比全球最大的书店提供的数目多 15 倍,运营第一个月就覆盖了全美 50 个州和全球 45 个国家,之后快速开始售卖 CD 和其他商品。贝索斯一直是一个喜欢不按常理出牌的企业家,在面临巨大的困难和挫折时,他有穿越艰险、到达彼岸的顽强意志。创业起家的风险投资人马克·安德森(Marc Andreessen)说:"他一心扑在亚马逊上。我感觉他会再干上 30 年。如果确实如此,那是股东之幸。"

创业精神是指在创业者的主观世界中，具有开创性的思想、观念、个性、意志、作风和品质等。创新是创业精神的出发点，创业精神的精髓是勇于进取、拼搏创新、知难而上、百折不挠。它就像是黑暗中的灯塔，为你点亮希望、指明方向。它的本质仍着重于一种创新活动的行为过程，是创业者通过创新的手段，将资源更有效地利用，为市场创造出新的价值。创业精神主要包括创新精神、科学精神、冒险精神、开拓精神、拼搏精神和合作精神。

1.科学精神

科学精神是一种敢于坚持科学思想的勇气和不断探求真理的意识，它具有丰富的内涵和多方面的特征，表现为求实精神、实证精神、探索精神、理性精神、怀疑精神等。培养大学生的科学精神要求大学生要努力提高政治水平，不断丰富科学理论知识，积极参加社会实践。

2.冒险精神

德鲁克认为，创新型创业会带来很大的收益，因此创业者并不会进行没有价值的创业。但是，因为创新型创业没有现成的经验和清晰的路径，就需要冒险精神，要明确创业后果和需要承担的责任，并为这些可能的后果设立预案。冒险精神是大学生创新精神的必然要求，是否敢冒风险，是创业能否实施创新的重要前提。从认识论的角度讲，冒险就是勇于探索，勇于实践。

3.开拓精神

开拓是打破常规，勇于创新和探索的意思。开拓精神就是不断追求产品创新、技术创新、制度创新、市场创新等精神的体现。它强调的是一种不安于现状、顽强奋斗、不屈不挠的进取精神。

4.拼搏精神

拼搏精神是一种自强不息、不怕困难、勇往直前、披荆斩棘的意志品质。培养大学生的拼搏精神要求大学生具有善于拼搏，抓住机遇求发展，敢于拼搏，树立不断进取的理念。

5.合作精神

合作精神就是善于团结协作、发挥他人作用的精神。合作精神是人的社会属性的重要体现，它反映的是在当今的企业和其他社会团体中一个人与他人协作的精神与能力。大学生合作精神的培养途径：①大学生应积极参加各种团体活动，培养合作精神；②大学生应协调好个人与他人的关系，建立和谐的人际关系；③大学生应理性认识竞争与合作的关系，树立更高层次的“竞合“理念；④大学生应增强民主法治和诚实守信观念，为合作提供必要保证。

由此可见，创业精神作为一种积极的思想观念和精神状态，对个人的进步和社会的发展具有十分重要的推动作用。

(三)创业能力

创业能力也称创业胜任力或企业家能力。它是一种具有极强的把参与社会实践和创业实践活动紧密结合起来的活动能力,是一种以智力为基础,以创新为特征,以创造为手段,积极面对激烈社会竞争的个性心理倾向和心理特征。它主要包括开拓创新能力、组织管理能力和人际协调能力等方面的创业能力。

大学生创业能力培养是适应知识经济发展的需要,也是我国高等教育改革和高校实施素质教育的必然要求。大学生创业能力的培养途径如下所述:

1.更新教育观念,创新培养模式

开展创业教育日益成为高校人才培养的根本要求,成为高等教育的重点内容。教育教学改革的基础是教育理念的更新。只有正确认识到创业教育的意义、目的,将其与传统的专业教育与素质教育发展方向彻底融入,才能反过来推动教育教学改革优质高效地进行,也能行之有效地为大学生创业能力提升提供优质的土壤。创业教育的人才培养目标是以提高大学生创新创业能力为核心,是全面塑造大学生的创新创业品质,并孕育一批产品开发型和技术服务型的高层次创业者。

2.开设创业教育公共选修课

创业教育是联合国教科文组织在“面向21世纪教育国际研讨会”上提出来的,在这次会议报告中阐述的“21世纪的教育哲学”中提出了学习的“第三本护照”,即创业能力的问题,要求把创业能力提高到与目前学术性和职业教育同等的地位。创业教育公共选修课应该围绕国家和社会发展的实际情况,结合当代大学生的创业要求,从大学生创业的方向、创业的条件、创业的方法、创业的准备等方面来进行开设。

3.定期组织创业能力专项培训

高校要主动发挥自身作用,在更大范围上集聚整合扶持大学生创业培训的资源。通过讲座、访谈、培训等多种形式,将创业教育专项培训常态化、体系化,使得部分创新意识较强、创业素养较高的大学生系统强化创业知识,巩固首创精神、提升创业能力,保障孕育职业发展精英方面取得良好成效。此外,推行师资多元化,选聘有创业实践经验的教师、企业人士、风险投资界人士等进行授课。

4.打造创业典型,加强示范引领

经过多年的大学生创业实践推进,各高校纷纷涌现了一些创新创业精英,为大学生开展创新创业教育树立了标杆和榜样。加强创业标杆示范引领的方法有多种,可以挖掘创业典型,梳理总结具有代表意义的创业故事;可以把创业典型进班级作为团日活动进行推广;引导创业精英走进班级,走进同学的心中,让身边的成功案例启发广大学生,用朋辈的创业精神鼓舞广大学生;可以充分发挥媒体的作用,进行立体式的宣传推广。

5.建立校企合作机制

企业利用寒暑期社会实践活动给大学生提供实习创业机会,加强校企合作,促进校企业合作机制建立。这样既能使大学生提前接触创业的实际环境,积累实习实践的工作能力，也能更好地增强学生的创业能力。

二、大学生创业思维的培养方法

（一）完善创业思维教育课程体系，加强大学生创业思维的培养

1.开发体系完整的创业教材，设置创业思维课程，强化大学生的创业思维

创业思维教育课程体系的层次和质量关乎着创业思维教育的成效，作为培养学生创业思维与能力的有效载体，高校要稳步推进创业教育课程体系改革，建立科学、完善的创业课程体系，帮助大学生积极树立创业思维。目前，大学创业教育的实施主体不够明确，课程设置和教材建设还处在探索阶段，明确高校作为创业教育的实施主体，开设覆盖各专业学生的创业基础课程，引进和开发体系完整的创业教育教材，引导大学生形成系统的创业思维方式。设置创业思维课程是强化学生创业意识的重要基础。我们应借鉴发达国家成熟的创业思维教育经验，结合各专业的特点，开发体系完整的创业教材，开设具有针对性、实用性、专业性的创业思维教育课程。

2.在专业课程教学中嵌入创业思维，灌输和发展大学生创业思维

大学的专业课程和专业教材被定位于单纯地传授科学技术知识，教师在课堂教学中也专注于讲解理论知识的逻辑推理和技术知识的操作原理，很少顾及学生创业思维的拓展，这制约了大学生创业思维的发展。因而，授课教师在课堂上除了讲授知识和技能之外，还应重在培养大学生的自信心、责任心，帮助大学生树立积极的人生态度、顽强的意志品质和创业精神等，进而坚定自己的创业信念。教师将创业思维的培养嵌入大学专业课程教学中，潜移默化地提升大学生对现实世界的认知能力，促进大学生创业思维与专业技能同步发展。

（二）加强创新创业指导教师队伍建设

进行创业教育，教师是最重要的影响因素。然而，很多教师在学生创新创业的教育上专业素养明显不足，缺乏实践教学经验，仅仅向学生传授专业理论知识，这严重限制了大学生创新创业思维的发展。因此，高校需要建立一支有经验、能教学、可创业、专兼职结合的师资队伍，确保大学生创业思维培养取得明显实效。比如，可以引进有创业经验的专业教师对学生进行教学；可以聘请成功的企业家到学校开讲座，与学生分享交流他们的创业经验，现身说法，用真实的创业故事启发大学生的创业思维；可以聘任企业家或者科研人员担任创业导师，直接指导学生创业实践等。

（三）改革创业课程教育考核体系

创业教育考核是对开展创业教育全过程的综合性评价，目的是检验开展创业教育活动过程的有效性和成果的实用性。我国高校应改革创业课程教育考核体系，把模拟创业活动的开展、可行性的创业项目设计、创业活动的效果等指标纳入考核体系之中，调整培养计划、课程设置、教学方法、活动内容与形式等，在大学生队伍中营造勇于创业、不畏失败的环境氛围，通过考核方式的改革来灌输创新创业意识与思维。

(四)营造创业氛围,激发大学生创新创业的热情

良好的创业氛围,有利于夯实大学生的创业基础,有利于激发大学生的创业热情和活力。一是加强培训,引导创业。高校要有组织、有计划地开展创新创业培训工作,开发学生潜能,激发学生创新意识,为学生创业提供智力支持。二是开展活动,广泛宣传。高校加强政策宣传力度,开展丰富多样的创新创业活动,强化学生创业实践训练,营造全员创业良好氛围。三是以赛代训,项目管理。高校要积极鼓励师生参加创新创业项目比赛,对学生创业团队实行项目管理制。

(五)多渠道搭建创业平台,促进大学生创业思维逐步成熟

培养和发展大学生的创业思维需要发挥政府、学校、社会以及家庭的联动作用。一是加强与政府及社会机构的合作建立平台,建立资源共享平台,推进创新创业人才培养。例如,政府层面正在积极推动大学生创业基地、大学生创业孵化园建设、众创空间,等等。二是以项目为载体为学生参与创新创业活动创造条件,从创业项目、创业资金、创业场地等入手,鼓励支持学生创业。例如,教育主管部门和高校通过举办大学生创业设计大赛、资助大学生创新创业训练计划项目、鼓励休学创业等多种方式扶持和激励大学生积极参与创业实践活动。三是家庭应发挥创业学习的启蒙和支持作用。家庭教育对个人创业思维培养是潜移默化的,加强家庭对创业者的引导、鼓励与支持,是大学生创业思维形成的重要渠道和有效方法。这些措施为大学生提供了参与创业实践和完善创业思维的渠道,促进大学生创业思维的逐步成熟。

总而言之,大学生创业思维的培养是一项长期而艰巨的任务,将创新创业思维融入高等教育中,使创新创业思维成为大学生知识体系不可或缺的一部分。在此过程中,不断探求创业的科学道路,努力营造一个健康、和谐的全民创业大环境。

思考题

1.创新思维的特征及表现形式?

2.大学生创新思维的培养方法有哪些?

3.创业思维的含义及基本内容?

4.大学生应具备哪些创业思维?

5.大学生创业思维的培养方法有哪些?

项目四

创新与创业主体

知识目标

1.了解创新者和创业者的联系与区别。

2.了解创新团队和创业团队的基础知识。

3.掌握创新团队和创业团队的组建。

技能目标

1.创新能力培养。

2.创业技巧提升。

3.团队协作能力强化。

学习重点

1.创新团队的组建。

2.创业团队的组建。

学习难点

1.创新者和创新团队的特征。

2.创业者和创业团队的特征。

任务一 创新者与创业者

案例导入

23岁的小王是某大学市场营销专业的学生，2013年毕业，和许多大学生不一样的是，他总是不喜欢“按常理出牌”，对于别人习以为常的事情他总是觉得有可以改进的地方，也总是以“怀疑”的眼光对待事物，同学们都觉得小王很奇怪，小王也发现了自己的独特之处。每当学校组织各种创新创业比赛，他都积极参与，而且他的很多设想和作品都得到了老师的支持，屡获奖励。这更激发了小王的创新之路，他买来相关书籍，利用课余时间研习创新的能力和方法。毕业时，他没有选择跟其他同学一样的就业路，而是为实现自己的创新梦想出发，在家人的支持下，他创办了一个工作站，将自己一些创新的想法付诸实践。

小王每天都非常快乐，终于可以实现自己的梦想了，他的动力十足。但是，好景不长，小王渐渐发现仅凭自己的一腔热情是很难走得长远的——仅凭自己单一的知识很难维持工作室的运营，在推销创新产品时每每收到冷遇，吃闭门羹，工作站的资金也出现了问题，管理上出现了混乱，他找到母校创新创业教育的老师咨询，在老师的分析和指导下，小王开始组建创业团队，吸纳了具有不同专业背景但具有共同理想的成员，一起进行创业。他们以市场为导向，以创新为优势，积极响应创新创业政策，经过近三年的打拼，小王的团队已由5个人的小工作室发展到有员工50余人的创新型企业，产品也涉及教育、文化等诸多方面，效益十分可观。

案例讨论：

从小王的创新创业实践中，你能得出什么认识？

一、创新者

创新者是指善于激发自身创新性思维，积极从事创新实践的个人。创新是每一个正常人所具备的潜在能力，而创新者是善于对这种能力进行挖掘和开发。对创新能力的开发程度是创新者的关键则取决于他们是否一定的创新素养。《创新者的基因》作者之一葛瑞格森指出，创新者是善于接触与自己观点不同的人并与之交谈，从而扩大自己的知识范畴的人。目前学术界对于“创新者”尚未设立一个全面、统一的定义，基于当前这一群体的表现，我们可以理解为“创新者”是一个拥有新想法并积极将其付诸实施的人。需要指出的是,创新者不是“创客”,不追求能够设计出一个具有交互性的产品,同时,创新者也不是创业者,不以商业利益为出发点。创新者善于提出具有创意的设想,在创新性目标的驱使下进行实践操作,能够接受实践效果的失败和管理运营的失败。简言之,创新者一定是创新活动参与者,其参与创新活动的目标是将其创新点付诸现实,力争应用于实践,而非围绕经济等利益目标出发,因此,创新者与创客、创业者都存在本质的区别。

创新者的特征有如下几个方面:

1.具备创新性思维

创新者最大的特点就是具有创新性思维,善于以新思维思考问题,善于用新思路对待事物,善于用新眼光审视世界发展。创新性思维是一种动态的过程化思维,主要有三个层面的含义:第一,更新性思维;第二,创新性思路;第三,改变性思考。简单地说,创新性思维就是利用现有资源或社会要素,以不同于以往和一般的认知去创造新矛盾和解决传统问题的思路、认识和方法。

创新者将创新性思维作为认识事务和处理问题的惯用思维,不仅在单一方面具有创新性,在其学习、工作和生活的诸多方面均表现为这一特征。

2.敢于对现存事物“怀疑”

创新者另一个特征就是对现存事务具有“怀疑”态度,以怀疑的眼光看待当下被众人所接受的事物,行为表现为“不走寻常路”。需要强调的是,创新者的“怀疑精神”不是对当前事物的不尊重,或者是任何忽略对现存事物的深入研究而形成的创新都是不具有生命力的,一个完美的创新性设计,必须在充分对当前事物进行研究的基础上,在法律制度范畴内,在正确的认知引导之下才能够得以实现和发展的,只有充分进行调研、深入钻研,才能发现当前事物的不足,从而找到“怀疑点”进行创新。换言之,创新者的“怀疑”是以发展的眼光看待当前的人和事,以更适合未来走向的要求审视当前事物。

3.性格坚韧,眼光长远、不计眼前得失

创新者的思维和设计属于新生事物,从构想和设计之初到最终被社会接受,存在一个过程,这个过程长短不一,但有一个共性,即在设计之初往往被怀疑,环境评价中的否定之声大于肯定。对于创新者来说,挫折和否定是其成功的常见困境,成功的创新者身上具有共同的特点——性格坚韧,眼光长远、不计眼前得失。

二、创业者

创业者是指在职业实践中,以创新和独特的方式追求机会,创造职业价值和谋求事业增长的职业者,创业者通过创新的手段,将资源更有效地利用,为市场创造出新的价值。本部分内容将创业者作为个体进行研究,与创业团体相区别,着重研究创业者自身特质。创业有大小之分、层次之别,但在创业领域和范围限制方面相对宽广。创业者根据其动机、风险和身份大致可以分为生存型创业者、机会型创业者和发展型创业者三大类。

创业者相较创新者来说，更加注重职业经营业绩和创业发展，是将创新与市场作为其重要的思考点和职业着力点，在创新性方面的要求没有创新者高，但是在创新的市场应用上则非常重视。

创业者应具有如下几个方面能力：

1.创业主体意识

创业者应明确自身所处地位，承担创业行为的“担当者”角色。这既是对创业者的挑战，也是进行创业的动力，会使创业中感受的实践市场的压力同时努力实现创业价值。

2.市场分析能力

创业中的目标是创业成功，而创业的成功离不开市场的检验。简言之，创业者首先要实现创收，在经营运行中获取利润，这就要求创业者必须能够把握商机，并且能够分析市场，从而提高创业前景。

3.资源整合能力

成功的创业者具有自身创业优势，也就是具备超越竞争者的资源优势，但是仅凭单一的资源优势难以实现长远的发展和更高层次的飞跃，这就需要创业者具有良好的沟通和资源整合能力，需要进行团队性的互助，这也是本章后面接受创业团队的重要知识点。

4.创新能力

创业的核心竞争力在于创新，创业者只有具备强烈的创新意识和过硬的创新能力，才能在竞争中处于主动地位。

案例 1

重庆动果电子商务有限公司是由一名在校大学生小白创立的，该同学所学专业为连锁经营管理，与其他同学不同，小白不喜欢照搬课本上的知识，他喜欢从不同的角度思考知识，并对当前流行的“互联网+”模式充满兴趣，在学习时一直致力于探索如何将当前企业营销的线下“零售”模式与互联网线上运营模式相结合，创新方法得到老师的认可。

随着研究的深入，小白探索通过微信、QQ 等社交平台进行线上销售，实现“社交化零售”，并且将自己的创新模式用在家乡的特产水果——橙子的营销上。通过“代理分销+原产地现摘现发货”的模式销售，以“实惠+安全”的优势突破“微商”弊端，赢得市场。

经过近两年的发展，目前该公司已拥有产区团队、技术团队、运营团队 3 个团队共 12 名员工。2016 年代销+直销脐橙约 150 万千克，营业额 70 余万元。

这个案例的特点是创业者具有非常强的创新意识，在接受了一定的营销方面的学习之后，能够结合自身专业优势来选择项目实践自己的创新想法。通过实际运行后，能够根据实际情况及时地调整自己的创业方向，创业设想比较务实，启动资金也不多。就目前情况来看，该公司应该已经建立了有效的制度和规范体系，营业额较高，利润也较高。

案例讨论：

通过该案例你发现了创新者和创业者之间存在怎样的联系？

任务二

创新团队与创业团队

创新和创业存在着一定的逻辑相关性，在创新过程中，团队的作用举足轻重，在创业过程中更为显著。因此，学习关于创新团队和创业团队相关理论，是获取创新创业实践良好效果的重要基础。

一、创新团队

随着科学技术的飞速发展和创新成为时代的主流精神，创新团队开始成为科技发达时代的一种科研主体，也是一种有效的科技人力资源的组织模式。创新团队本质上是一个为了完成共同的研究任务而相互合作的科研性群体，具有明确的组织边界和治理结构。

创新团队是由具有相同创新目标的成员组建，成员构成中不要求每位成员都具有较高创新能力，但对于创新项目的认可要求具有较高的契合度。基于共同的创新愿景而构建的创新团队，即构成了一个具有一定的内部治理结构的构造体，这种内部治理的实质就是要理顺、协调、建构创新团队内部的各种关系，如权力关系、角色关系、利益关系等，并以此来改善结构、规避风险、提高功效。

创新团队在成立和发展中，首先要打造团队精神和协作模式，其中精神领袖、团队氛围、发展规划及创新执着度等都是相关的内容。在实践运作与管理的过程中会遭遇许多现实的困难，主要体现在学科界限的阻隔及由此产生的组织壁垒；创新研究的资源水平，包括科研项目的创新性和发展配套资源等；另外，需要重点考虑的是创新团队在构建结构上的合理配置。

创新团队在创新项目创建过程中，着力构建一个充分结合创新团队的现实处境和发展要求的策略体系十分重要。在团队组建之初就应该充分考量当前环境问题，对团队的价值追求和项目的契合、团队成员个性与项目的匹配等问题都应充分考虑，这将会成为制约后期创新价值实现、团队生命周期、科技人力资源扩充的重要初始性问题。

创新团队后期发展将会遇到团队运行风险的规避、团队边界的开放与拓展、知识生产规律的探索与遵循、团队与创新平台及学科建设的互动与共建等问题，这些问题都是伴随创新项目的实施和团队价值逐步实现而表现出来的。

二、创业团队

创业的自主自由并不意味着创业仅与创业者个人相关,创业需要各种各样的机会和资源,就目前我国的创业成功率来看,团队形式进行的创业活动,其成功率要显著高于个人创业。这是因为团队创业可以将具备不同教育背景、工作经验和其他不同特质的成员聚集到一起,进行优势互补,对创业团队的目标实现和绩效提高会产生显著的促进作用,也是团队创业与个人创业最显著区别。

复杂的创业活动,需要具备扎实的管理经验和丰富技能的创业团队,以应对创业期可能出现的各种困难与问题。因此,建立相对完善的创业团队,力求实现成员之间优势互补,在创业过程中各尽其能,才能实现团队长久性发展。

研究证明,基于一个创业团队而不是一个单独的创业个体的创业活动,团队创业的绩效要明显高于个体创业。究竟什么样的团队才是完善的创业团队呢?针对创业团队的研究在不断发展,关于创业团队应该由怎样的一群人组成,正在逐步形成认识——在创业起步或者企业创业期内加入的,并且对团队或企业的决策有直接影响力的,着眼于团队或企业未来的一群人所组成的团队。由此我们得出这样一个概念:创业团队是指由两个及以上具有相关利益联系,以分享认知和实践合作并共同承担创建新企业而形成的工作群体。创业团队的含义有狭义和广义之分,狭义的创业团队是指具有共同创业目的、共享创业收益、共担创业风险的一群人;广义的创业团队则不仅包括狭义创业团队,还包括与创业过程有关的各种利益相关者,如风险投资家、专家顾问等。具体来说,创业团队表现为如下特征:

1.创业团队具有发展性

创业团队从创业伊始到成熟期,所有在此期间加入团队的成员都属于创业团队,这就表现为团队的发展性。创业团队在创立初期较少考虑成员间的能力互补作用,往往侧重考虑成员对创业项目的共同价值观和认同感,而忽略了成员的能力互补性,伴随创业实践的开展,比如需要增强实力以避免团队能力缺陷,以适应企业或团队发展的能力需要,因而创业团队的发展性会一直存在。另外,创业团队生命周期也会产生影响,不同阶段,团队的人员构成也会呈现动态变化和动态平衡的过程,这都是其发展性的表征。

2.股东身份不是必要条件

创业团队的成员不一定是该团队所创办企业的股东,成员中投入资金的,是该团队的股东,但也有成员游离于企业之外,对团队创办企业的发展不干涉,而是专注于自身价值的实现。另外,创业者为实现创业目标进行的融资,投资者虽然投入资金,但仅以经济回报为目标,不涉足创业团队建设,这种投资者也不是创业团队成员。创业团队在发展过程中所需要的各类人才,通过自身以及团队的力量来掌控和影响整个团队的发展,以及解决在发展过程中遇到的各类问题,这些人才不是股东,但确实是创业团队的成员,是创业团队战略决策和战略执行的关键人物，是创业团队绩效的主要贡献者。因此股东这一因素，并非创业团队成员的必要条件。

3.拥有优秀的团队领袖

团队领袖是创业团队的灵魂和核心，团队领袖是成功创业的关键。优秀的团队领袖有高远的志向、过人的胆识和智慧，有魄力、有凝聚力和组织管理能力，有博大的胸怀，有敢于追求胜利的英雄气概，不怕困难，敢于创新，为了企业发展，深谋远虑，趋利避害，不计个人得失，一往无前。许多创业团队在很短的时间内就消亡了，很重要的原因在于创业团队的带头人其实根本不是一个合格的领导者。

4.有一致的企业价值认同取向、团队成员与企业发展共命运

团队成员应该有一致的企业价值认同取向，全心致力于创造新企业的价值，认为创造新企业价值才是创业活动的主要目标，并认识到唯有企业不断增值，所有参与者才有可能分享创业的成果和利益。

团队成员必须对企业长期经营发展充满信心，对企业经营要付出辛苦和汗水，不能因一时利益或困难退出团队，要清醒地认识到创业将会面临的挑战和遇到的困难。这样，团队成员为了成功，才不至于有观望徘徊思想，遇到困难才能破釜沉舟，付出百分之百的努力，才能全身心地投入到工作中去，才能凝聚共识，同心同德，将事业推向成功。当然，为了能形成利益共同体，不能只有语言上的承诺，还要有一定的运作制度，特别是利益上的约束。

5.能力互补，相得益彰

创业团队成员的能力个个都是很强的，每个人都是某个方面的专才，这些人员的能力通常是不相同的。有的人创新意识非常强，对企业发展战略和新产品或新服务项目开发有着至关重要的作用；有的人策划能力极强，能够全面考虑企业面临的机遇与风险，分析成本、投资、收益的来源及预期收益，甚至还包括公司管理规范章程、长远规划设计等；有的人执行能力较强，具体负责生产经营和销售，他们在联系客户、接触终端消费者、拓展市场等方面，都有较强的执行力；有的人技术水平很高，生产经营技术是其专长；还有的创业团队拥有财务、法律、审计等方面的专业知识人才；等等。只有各个层面拥有不同类型的人才，组成创业团队，在创业实践中才能形成“八仙过海，各显神通”的局面，才能形成成员间能力的互补，才能有助于强化团队成员间彼此的合作，才能充分发挥团队的整体功能，做到相互补充，相得益彰。当然，建立优秀的创业团队并非一蹴而就。在创业的过程中，创业团队成员也可能根据具体情况不断调整、不断优化，逐渐孕育形成完美组合的创业团队。

案例 2

作为“80后”的创业者，武汉某科技有限公司总经理龚俊宇的经历非常丰富：1998年接触互联网，2002年进入上海商学院电子商务专业学习，整合网络营销传播的实践者，网

络营销策划和网络品牌顾问,电子商务人才培养研究者;原中国电子商务先锋组织创始人之一。

有一个广泛的认识:创业团队最初是很多有共同梦想的人走在一起,最后有很多人离开团队,这是因为信任危机。而龚俊宇认为,并不是因为信任问题,而是在于最初的梦想不够远大,又不够实际,创业一定要有一个蓝图,要告诉每一个人,我们每天的工作是为了什么样的终极目标。在公司制度发展方针,其他管理层的意见与他有明显差异的时候,他会先沉静下来,分析各种意见产生的原因和各种意见的利弊,然后再与成员耐心沟通,倾听团队声音,最终形成共识。

在他的创业中,龚俊宇所扮演的更多的是一个协调者的角色,整合不同的人,整合不同的资源,然后有机组合,力争发挥每个人的长处,形成"最强战队",在他的公司,有擅长营销的,有擅长策划的,也有擅长技术革新的。他认为,团队成员要注重沟通和配合,形成共同认可的团队精神,这对于成功非常重要。

案例讨论:

在上述案例中,你看到一个创业团队中最重要的是什么?

任务三 创新团队与创业团队的组建

不论创新还是创业,对社会和国家都有着非常重大的意义,也是实现团队价值和个人价值的重要体现。创新团队和创业团队的组建具有一定共性,又存在一定的差异,是需要细化研究分析的。

一、创新团队的组建

1.促进合理集聚,实现团队与项目的良好匹配

通常情况下,创新团队的形成需要先探索一批处于分散和游移状态的创新者,依托一定的创新意愿,产生某个创新科研观点,建立共同的创新项目愿景,这是创新团队形成的前提性条件。

创新者中兴趣相同的人开始集聚,在这一集聚过程中团队负责人脱颖而出,承担着重要的作用。最终目标就是要形成一个内部整合良好,并且与项目良好匹配的创新团队。所以团队与项目的匹配性跟科学家向科研项目集聚的过程是密切相关的。创新团队建设要特别关注这一过程。

团队在进行深化研究创新项目,当一个科研项目通过探讨、头脑风暴、同行评审等方

式生成之后，它对研究团队会提出更为具体和更高的要求，这就是团队与项目的匹配性的问题。这种匹配性又是通过一种选择机制来实现的，只有某些特殊的人才能通过这种选择机制，走向项目，汇聚成团队。集聚过程也是一个选择的过程，也就是说这种集聚是通过一个选择机制来实现的。在这一选择机制中，创新者的学科、专业、资历、声望、态度、趣味、职称、年龄、价值观，以及相关制度和研究条件等都是必须考虑的因素。只有进行周密系统的选择才有可能实现团队与项目之间的匹配性。如果匹配失败，那么研究目标就很难实现。

需要指出的是，只有适合而匹配的项目才能最大限度地内嵌自我。项目对研究者来说，必须不是过于困难，也不是过于简单，并且同时也符合研究者的研究趣味和理想。“只有这样的选择才能够激发主体最强烈的兴奋，保持高度的注意力和最活跃的思维。”这一点对创新团队的指导意义就是要选择最适合的研究项目。如果研究项目过于困难或过于容易，不能突出最大程度的内嵌自我，此时，创新团队要么放弃项目的研究，这很可能意味着团队的解散与终结；要么对创新团队的结构进行必要的调整，新的有实力的成员被补充进来，以增强研究力量，进而使原来过于困难的课题可以攻克；还有一种情况则是原来的那些高水平的或有大抱负的成员退出创新团队，这样团队的整体水平下降，这也使得原来过于简单的课题能够适合现在创新团队。

2.重视人才队伍建设，为创新团队的建构提供优质人力资源

创新团队实质上是一种创新性科技人力资源的组织模式，因而是以丰富的科技人力资源为依托的。从这种意义上说，是否具有丰富的高质量科技人力资源是制约创新团队建设的一个重要因素。事实上，很多创新团队的问题都是人的问题，如缺乏高水平的科学家、团队结构不合理、团队成员与研究任务不匹配、团队中的利益冲突等。目前，人才强校的办学理念已经得到了各个大学的普遍认可，这意味着必须加强人才队伍建设。这样一种整体氛围无疑将有利于创新团队的发展。

创新团队的人才流失将会导致创新项目的流产，甚至造成团队的失败或其他更为严重的损失，因此，人才队伍的建设，对团队发展的保障起到至关重要的作用。如何吸纳具有先进创新能力的创新人才，是衡量一个团队的重要指标。

3.进行制度创新，为创新团队建构提供制度保障

由于创新实践是科技人才的“用武之地”，也是创新产业生成的源泉，成为创新团队发挥作用的最佳土壤。创新团队在市场竞争的实践多是由创新发展最初阶段开始，也是在内部制度准备不足的情况下发生的，缺乏相应的制度安排来对创新团队进行保护和规范，导致创新团队建设正在遭遇一种制度的瓶颈。

事实上，在团队与项目强力联结的科技工商时代，在很多凭借整体的创新实力进行综合创新的时代，创新团队强化制度建设已经成为不可逆转的趋势，基于创新团队发展的制度建设已经成为创新团队深化发展所面临的迫切问题。总之，创新制度框架，并由此为创新团队的建设提供一定的制度保障，对创新团队的发展和相关制度的完备都具有

重要的意义。

4.加强后续资助,延长创新团队的生命周期

人们通常认为,创新团队的生命周期就是项目的研究周期,随着项目的完成,团队也就完成了它的使命,从而走向终结。这其实是一种肤浅的认识。创新团队的生命周期与项目的研究周期是两个不同的概念。项目研究周期结束后,一般来说团队的生命周期并没有结束。这是因为一个团队的研究任务可能是广泛的,它并不只是研究某个单一而具体的项目,另外,项目研究周期结束后,往往会有后续研究,或开辟了新的研究领域,这也需要创新团队继续存在。即使随着项目研究周期的结束,团队趋于瓦解,但团队精神、风格、合作的经验与教训等会被保留下来,团队成员还会保持某种业务联系与学术交往,这也是将来进一步合作的基础。从这种意义上说,团队的生命周期并没有结束。当然团队的生命周期的延长并不意味着团队就此形成一个封闭的、固化的组织,相反它应当保持一种开放的态度,及时对团队的结构进行调整,不断地生成新的研究目标。只有这样才能焕发出生命活力。

一般来说,经过一个项目周期的磨合后,团队内部会趋于一种整合良好的状态。相对一个临时组建的团队而言,内部整合良好的创新团队具有更高的研究效率。另外,一个内部整合良好的创新团队会节省团队的建设成本,特别是时间成本。在一个科学技术飞速发展的时代,创新者在前沿展开激烈的竞争,都在试图抢夺制高点,所以时间成了创新者最关心的问题。一个成熟的团队往往能够直攻重大科学问题。现实的情况是,由于后续资助的中断,一个有良好的合作基础的创新团队在不该终结的时候无奈地走向了终结。项目是创新团队生成的前提性条件,同样,项目也是创新团队进一步发展的前提性条件。创新团队生命周期的延长同样需要项目来支撑。当然,一个有一定的前期研究基础的、成熟的创新团队可能有更强的获取项目的能力,也更容易在项目竞争中获胜。

一些在攻克重大科研项目上有突出表现的创新团队往往是从一个相对弱小的团队逐步发展壮大的,这一过程可能是漫长而艰难的,需要不断地提供资助以延长它的生命周期,增强它的生存能力。还有一种情况就是一个规模较大的、成熟的创新团队发展到一定的程度可能分裂成两个,甚至更多的创新团队。这是一种团队的衍生现象,也就是一种团队催生团队的现象。事实上,这种现象在大学中并不罕见,特别是在那些有团队传统,并且研究资源比较丰富的研究型大学常有发生。当然,还可以设想,分裂出来的团队继续发展壮大,然后继续催生出更多的团队,从而产生链式反应。这种现象当然不是团队生命周期的结束,相反,团队的生命以一种繁衍的方式在延续,这也是团队发展的一种理想模式。

5.交叉营建,实现创新团队、创新平台与学科建设的良性互动

创新团队建设在当代大学中并不是一个孤立的事件。跟创新团队建设一样,创新平台建设与学科建设也是当代大学的热点议题。创新团队、创新平台与学科是当代大学学术事业的主要支撑点。这三者之间是一种交叉营建的关系,并通过交叉构建来实现三者

之间的良性互动与整合提升。创新平台是由学科来托起的,高水平的学科是建立高水平的研究平台的前提条件,而创新团队既是研究平台中的一个关键性变量,又是推进学科建设的重要力量。反过来,高水平创新团队也需要高水平的学科与研究平台来孵化。创新团队应当主动融入这一关系模式之中。创新团队正是在创新平台与学科建设的交汇点上完成自身的建构的。

创新平台是一个研究资源的组织与运行模式。所谓平台一般都有一个比较高的起点,也就是说在平台的建设过程中要追求一种卓越性。一个平台往往依附于某种制度框架,如具有独立组织地位的实验室、研究中心等。高水平的研究平台,能够显示大学创新实力,能够保证大学直攻重大科研项目。研究型大学的高水平研究平台建设是国家科技发展战略的需要。基于这样的创新平台往往能够构建大型的战略导向型创新团队。战略导向型创新团队是指有着明确的战略目标的创新团队,它的建构是基于国家科技发展战略的需要。战略导向型创新团队能够在某个科学和技术领域进行重大的科技创新。大型研究平台与战略导向型创新团队往往植根于多个学科领域。

学科则是大学最基本的要素,大学的运行是以学科为轴心来展开的,所以学科具有根本性的地位,学科建设也因此而具有可持续发展的意义。为了加强和推进学科建设,大学开始组建学科团队,而学科团队则是创新团队的重要表现形式。学科团队主要是在某一相对固定的学科领域进行学术研究,其主要目标就是创新和整理学科知识,发展学科的概念框架,进而整体提升学科的水平。当然学科团队也能够从事相关科研项目的研究,科学研究与学科建设之间是相互促进、相互依赖的关系。很显然,相对于依托创新平台而建构起来的战略导向型创新团队来说,通常情况下的学科团队是一种学术导向型创新团队。学术导向型创新团队并不存在一个宏大的战略目标,它的组建也并不出于某种战略性的科研任务,但是学术导向型创新团队却具有先导性和基础性,重大的战略型创新团队往往需要学术导向型创新团队来孕育。

二、创业团队的组建

创业团队建设关系到创业企业的成败。一个成功的创业团队具有显著的特征,构建优秀创业团队要重点把握创业团队人才构成和创建要素。

1.凝聚目标共识

对于创业团队的构建,最重要的就是要有一个共同的目标,这是团队拥有战斗力的核心。组建创业团队,首先应形成目标共识,只有目标达成一致,团队成员才能明确自己为什么创业和怎样创业,才能增进团结,形成同呼吸、共命运的共同体,才能心往一处想、劲往一处使,才能形成团结协作的战斗集体,同心同德,攻坚克难,取得事业上的成功。

2.建立有力的组织体系

组织体系如同一个健康机体的脉络,结构合理才能保持健康机体各部分功能正常运行，实现整体的协调运转。如果组织体系不健全就会使局部功能不能发挥，整体协调出现困难，组织统领全局的作用就难以实现；如果组织庞杂，就会使局部协调交叉重叠，出现互相扯皮的现象，也会造成资源的浪费。只有设立的组织体系平行层面设置全面，纵向层次清楚，形成一个科学合理的组织系统，加上有效的管理才能体现组织的整体功能，有效发挥团队战斗力。

3.科学配备人员

团队战斗力最终是由人员的工作表现和系统业绩体现的。要发挥组织团队的战斗力，组织人员的配备至关重要。组织机构要发挥有效的功能，一方面要保证人才结构的合理性，这是保证各项功能发挥的前提，任何一个层面缺少了专业人才，都难以实现好的组织效果。另一方面，每个层面的人员数量要合理，少了，不够用不行；多了，人浮于事效率低下，也不行。在组建团队之前，要根据组织体系的要求，认真分析岗位特点，合理确定人员配备。

4.明确责权范围

组织的协调配合是检验团队战斗力的重要指标。要使团队有一个好的表现，部门间职责、权限以及各自的规章制度必须具体明确。既不能有职责权限出现无人管理的空缺地带，又不要出现职责权限重叠、互相扯皮的情况。只有职责权限界定清楚、制度健全科学合理，各部门才能协调统一，运作有力，实现军团作战的功效，发挥团队整体效能。

5.有效的计划组织

团队的功能作用究竟如何，要通过完成一定的工作任务来体现。这需要对组织赋予一定的工作任务，以实现团队的正常运转。因此，一方面要合理制订工作任务，另一方面要通过科学的调度指挥、组织制度机制，来保证工作的按时保质保量完成。所以团队的正常运转要靠计划组织指挥的科学合理来实现。

案例 3

晓辉是某高校计算机专业应届毕业生，打算自主创业，因此利用空余时间在北京、上海、广州等地进行市场考察，经过几轮研究，他发现自己心中的创业项目——教育软件在市场上有不错的前景，投资不大而且易于管控，擅长软件创新研发的他开始研究软件，实施自己的创业计划。晓辉与好友王鹏（后来的合伙人）简短策划后，筹资 5 万元在一处繁华路段租了间店铺，经过紧锣密鼓的装修等准备工作，迫不及待地开张营业了。由于不懂得财务管理方面的知识，晓辉聘请了一位财务主管，自己和王鹏分别为经理和技术总监，由于当时教育软件正处于起步状态，市场上没有几家，短短三个月，晓辉已经将之前的装修及设备投资成本收回，效应较为可观。而此时，伴随网络科技的高速发展，市场上同类产品已然如雨后春笋般，竞争明显增大。晓辉和王鹏的技术研发需要加大投资，他们聘请了知名大学的计算机专业的硕士三人加入团队，又招聘了四位市场营销人员，从最初的“小作坊”慢慢形成了近二十人的团队，晓辉发现身上的压力比最初时大很多，不仅要思考产品的维护，更要下力气分析市场，在瞬息万变的市场中找准定位，确定产品研发的方向、市场切入点，他发现自己在领导能力和组织能力上有缺陷，每天感觉非常疲惫，出了问题也很难解决，渐渐萌生退意。又经过了半年，晓辉最终还是选择了退出，将自己的股份转让给财务主管后，离开了自己倾注极大心血的团队。

案例讨论：

1.案例中晓辉为什么从自己一手创立的企业中退出？

2.如果你是晓辉，在发现问题后，你会采取什么样的措施呢？

3.在组建创业团队时，你所要思考的因素有哪些？

项目五
创新与创业机会与风险

知识目标

1.了解创新与创业机会的特征与来源,创业机会识别与评价的内容。

2.理解常见的创新与创业模式;厘清关于互联网创业的认识。

3.了解创新与创业风险的类型和评估流程。

技能目标

1.掌握识别和评价创新与创业机会的方法。

2.掌握创业行业选择策略和技巧,学会寻找并评估创业项目。

3.能针对创业过程中的常见风险,提出应对方案。

学习重点

1.创新与创业机会识别的步骤与技巧。

2.创新与创业风险的识别与评估。

学习难点

1.创意的产生,创新与创业机会的评价方法。

2.创新与创业风险的应对策略。

案例导入

胡润的富豪榜[①]

胡润,1970 年出生在卢森堡,就读于英国杜伦大学,专业学的是中文。1990 年,胡润到中国留学,后来就留在安达信会计师事务所上海分部工作,成为一名会计师。但是,胡润遇到了一件麻烦事,每次休假回到英国,大家都会很好奇地问他,中国是什么样?这个问题看似简单,实则很难回答,关键是没有统一的标准。泱泱大国,五千年历史,十三亿多人口,到底从哪方面来回答呢?作为一个在中国留学的人,连这么简单的问题都回答不了,胡润的内心很苦恼。而且每次回国,胡润都要受这种刺激。1999 年,当时正好是中华人民共和国成立 50 周年,通过朋友介绍胡润决定以 50 个中国特别成功的人为切入口来了解新中国成立 50 年来的变化。基于这样的想法,胡润确定了以累计的个人资产总量为标准来定义成功人物,借此推出了富豪榜,并将富豪名单发布到多家新闻媒体上,希望以此获得关注。美国《福布斯》杂志第一时间与胡润签订了合作意向,将其调研结果以杂志封面故事的形式公布于众。没想到胡润的富豪榜在国际上产生很大的反响,当期的《福布斯》杂志一天之内销售一空。这不仅促使《福布斯》加深了与胡润的合作,也使胡润的工作热情大幅高涨。他觉得必须把排行榜当作一项事业对待,并于 2001 年他辞去了稳定的工作,全职做中国富人排行榜的调查和研究。

从 1997 年到 2006,九年时间,胡润从洋打工仔变成了个体户,从最早给《福布斯》做富豪榜时只换取数千元稿费,到现在已经拥有自己的公司。胡润也借助富豪榜的名声,举办各种活动和论坛,吸引品牌赞助,自己也成了富豪。用八年的时间,胡润通过做富豪榜,影响了别人,更改变了自己。

任务一 创新与创业机会的寻找

创业,这种创造性地整合资源的行动,是将创新的思想或成果成功地运用到现有的产业或事业中,创办新企业或开办新事业的过程,其成功的前提就是找到合适的创新与创业机会。

一、创新与创业机会概述

(一)创新与创业机会的内涵

通常我们所说的机会,是具有时间性的有利情况,它具有 4 个本质特征:吸引力、持

① 资料来源:腾讯网财经频道,根据访谈内容整理。

久性、及时性，并依附于为买者或终端用户创造或增加价值的产品、服务或业务。相应地，创新与创业机会是指创业者可以利用有利的商业环境。其内涵是通过创造性地整合资源，来满足市场上对产品、服务或业务的新需求并获得价值的可能性。

（二）创新与创业机会的特征

1.具有吸引力

创新与创业机会源自创业者的思想创意，形成初期以各种不确定的形式存在，但无一例外的是创业者认可这个机会具有获得价值的可能性，能够吸引其他方面的资源进入这个领域共同满足市场需求，获得客观的经济效益。主观上不仅对创业者个人具有吸引力，客观上还能够吸引市场资源的汇聚。

2.适时性

创新与创业机会产生于特定的时间节点，同样也只有在特定的时间阶段才会产生经济效益。过早进入的话，市场还不成熟，会面临巨大困难；太晚进入的话，则会面临激烈的市场竞争，丧失优势。因此，创业者要善于把握创新与创业的进入时机。

3.持续性强

创新与创业机会有效的时间长度叫机会窗口，有一个延续的时间长度，在这个时间阶段里进行创业是有机会的，而过了这个阶段则基本上没有机会。创新与创业时长受众多内外部条件的制约，是一个动态的、持续的过程。

4.可识别性

创新与创业机会作为一种有利的市场环境，通常情况下都是以载体的形式呈现出来。也就是说机会载体与某一类特定的产品、业务或服务相关，创业者可以识别和抓住这个机会，并以合适的产品、服务或业务进入市场。

二、创新与创业机会的来源

（一）创新与创业机会来源的相关理论

现代管理学之父彼得·德鲁克将创新的来源分为以下七种：①出乎意料的情况，特别是意料之外的成功、失败和外部事件等，这是最容易被利用、却也是预测性和可靠性最低的创新来源；②不协调的事件或现象，即客观现实状况和主观设想推测的状况不一致，具体表现为不协调的经济现状、现实与假设之间存在的不协调、认知的与实际的客户价值和期望之间的不一致、程序内部的节奏或逻辑的不协调。虽然这种不协调是定性的、显而易见的，但也很容易被业内人士习以为常、视而不见；③基于程序需要为基础的创新，即创新者对一项有待完成的具体工作或任务进行研究，找到工作流程中的薄弱环节，进行优化或加强，使已有程序更完善；④产业结构和市场结构的改变所带来的机会，即产业结构的转型或升级、市场供求关系的调整和变动、新型消费热点的出现等带来的机遇；⑤人口统计数据的变化，即人口数量、人口规模、年龄结构、人口组合、就业情况、受教育状况以及收入情况等方面的变化所产生的机会；⑥认知、情绪和意义的改变，即个体或群体改变了对某一事情的看法或态度，从而产生了行业或领域变革；⑦科学与非科学的新知识所引发的创新机会，即科学领域或非科学领域的理论创新带来的产品更新、服务改进和行业变革，它具有时间跨度大、失败率高和可预测性低的特点。前四种创新来源都存在于一个企业、一个产业或一个市场体系的内部，而后三种创新来源则存在于机构或产业之外，是社会、哲学、政治和知识环境的变化。除非它们以前面四种来源的形式反映出来并被业内人员所感知，否则常常被组织忽视。但事实上，后三项创新来源更带有根本性，是直接产生创新的源泉。

案例 1

互联网时代，汽车产业的创新与转型

传统产业，经过一段时间的发展，也会面临重大的产业和市场结构变化的不确定性和不连续性。作为传统制造业的代表，汽车产业的发展速度相对比较慢。第一次世界大战后，各国汽车市场都由本国的汽车厂商主宰，到 1960 年左右汽车工业已经发展成为全球性产业。一方面汽车的产业链，包括投资、生产、采购、销售以及售后服务、研发等环节日益全球化；另一方面，大型汽车企业之间进行了不同规模的重组。如通用——菲亚特——铃木——富士重工——五十铃集团。之后的 20 年间，汽车产业结构发生巨大变化。互联网时代，围绕汽车产业的创新不断发生，而且特斯拉、谷歌，甚至苹果等企业也纷纷加入汽车产业，这就为该产业的创新注入了强劲动力。当前汽车产业的创新主要表现为无人驾驶、车联网、汽车分享等方面。国内汽车产业也纷纷投入创新与转型的潮流中。国产汽车品牌奇瑞于 2017 年 6 月与百度在美国硅谷签订战略合作备忘录，将共同推进车联网、高度自动驾驶、无人驾驶等领域合作。长安汽车总裁在 2017 年第八届全球汽车论坛上分享了长安汽车的发展及其在互联网时代的转型，如投入上亿元，打造车联网产品 In Call 系统等。“互联网在改变着汽车产业，改变着汽车从市场研究到产品研发，从研发到制造，从制造到组织构架，从组织架构到营销的一切。”

现代创新理论的提出者约瑟夫·熊彼特的创新理论认为创新有以下五种情况：①创造一种新产品或是新服务，即产品创新；②采用一种新的生产方法或工艺，即技术创新；③开辟一个新的市场，即市场创新；④创造或获取供应的新来源，即资源配置创新；⑤创新产业内组织的形态，即组织创新或狭义的制度创新。

创业管理教育领域的权威人士杰弗里·蒂蒙斯认为创业机会主要是来自改变、混乱或是不连续的状况，主要有七个来源：法规的改变、技术的快速变革、价值链或销售渠道重组、技术的创新、现有管理者或投资者的不良管理或没落、由于市场领导者短视，忽视下一波客户需要。

案例2

海尔的创新产品和创新技术系列①

产品发布时间	产品	产品功能
2014年9月	空气魔方	模块化组合式智能空气产品,实现了加湿、除湿、净化、香薰等多个模块的自由组合,为每个家庭带来了可定制的专属“空气圈”。
2014年9月	卡萨帝传奇热水器	攻克了燃气热水器行业多年难题,首创可消除一氧化碳的NOCO技术,为用户带来了更加安全、舒适的洗浴生活。
2014年10月	干湿分离技术	可对果蔬进行7天的高湿保鲜,还研发了干物储藏的技术,可以储藏冬虫夏草、茶叶等贵重干物。
2014年9月	天樽空调二代	在空调内进行冷热混合,吹出混合好的凉爽气流,让吹出的风由冷风变成凉风,终结了“空调病”的困扰。
2015年6月	海尔魔镜	智慧浴室核心产品,能够根据镜前人的性别、个人喜好,建议性地给出包括热水温度、水量、娱乐版块、健康分析等信息;还具备健康分析功能。
2015年	免清洗洗衣机	采用抗菌材质制成的“智慧球”,去除洗衣的健康隐患。
2015年8月	净水洗热水器	采用独创的M式进水专利技术,同时搭配三种消除细菌技术,有效保证热水器内部97%的水均可流动起来从而不再产生死水,从而保障用户的洗澡水干净健康。
2016年3月	卡萨帝气悬浮无油动力冰箱	冰箱的压缩机上采用“气悬浮无油动力技术”,实现了冰箱内的恒温养鲜环境,为延长高端食材的保鲜寿命提供了很好的保障。
2016年3月	海尔超低温冷柜	开创-60 ℃的超低温保鲜,重新定义冷柜的保鲜之道。

(二)创新与创业机会的来源

创业机会按照来源可以分为三类:技术机会、市场机会和环境机会。

1.技术机会

“科学技术是第一生产力”,科技创新不仅大大提高了社会生产效率,更是引起社会领域广泛变革。每一次新技术的产生、新兴技术的运用和推广不仅满足了消费者的需求,而且给创业者带来新的机会。当今世界,科技迅猛发展,社会生活日新月异,时下最热门的“互联网+”,即互联网技术与传统行业的广泛与深度融合。基于互联网的现代制造业、医疗保健行业、教育行业等新事物层出不穷。

① 资料来源:海尔集团官网。

案例3

电子商务界的龙头老大——阿里巴巴

1946年2月14日,第一台电子计算机(ENIAC)在美国面世之后,短短30年,第二代晶体管计算机——第三代基于中小规模集成电路计算机——第四代基于超大规模集成电路的计算机不断更新发展。而直至1994年4月,中国全功能接入国际互联网,成为国际互联网大家庭中的第77个成员,才真正意义上有了互联网。一次偶然的机会,马云接触到互联网并看到了互联网的发展潜力,于1995年4月在杭州创办了“中国黄页”,也就是给企业做主页的杭州海博网络公司。这是中国最早的互联网公司之一。后来在1999年9月9日,以马云为首的18人凑足50万启动资金,在杭州创立阿里巴巴。2003年5月,马云投资一亿元人民币建立个人网上贸易市场平台——淘宝网。至此,Online To Offline(从线上到线下[①])的电子商务模式开始在中国流行起来。2004年10月,阿里巴巴投资成立支付宝公司,面向中国电子商务市场推出基于中介的安全交易服务。2014年9月19日,阿里巴巴集团在纽约证券交易所正式挂牌上市,创造美国历史上最大规模IPO交易。阿里巴巴集团经营多项业务,而且从关联公司的业务和服务中取得经营商业生态系统上的支援。目前涉及的业务和关联公司包括:淘宝网、天猫、聚划算、全球速卖通、阿里巴巴国际交易市场、1688、阿里妈妈、阿里云、蚂蚁金服、菜鸟网络等。凭借互联网的技术优势,阿里巴巴已发展成为全球最大的B2B、B2C平台和全球最大的电子商务公司。

2.市场机会

市场机会即由于现有市场中空白或变化带来的商业机会。主要表现为三个方面:

①市场上供需不平衡,特别是供给缺陷产生的商业机会。当市场供应不足,而需求又出现持续的上升趋势时,对市场敏感的人就会发现商业机会,适时开展创业活动,填补市场空白。当市场供应过剩、需求不旺时,创业者会根据反馈情况,调整业务方向,拓展新业务或是开发新产品。总之,供需不平衡会导致新的商业机会出现。②市场中产业转移、产品的跨界流动。不同国家、区域的资源禀赋状况不一样,从而导致经济发展水平不尽相同。发达国家凭借其发展优势,纷纷向发展中国家转移在本国已失去竞争优势的相关产业,这就为经济欠发达国家或地区带来了新的商业机会。产品的跨区域流动也是如此。③国际化大趋势产生的空缺。从20世纪后期经济全球化趋势下的跨国公司纷纷建立,到互联网时代人工智能大行其道,每一次国际化发展潮流给创业者带来的不仅是压力和挑战,更是机会和方向。

① 线上到线下(OTO):即将线下商务的机会与互联网结合在一起,互联网成为线下交易的前台。

案例4

应运而生的新东方前途出国①

两极格局被打破之后，和平与发展成为当今世界的主潮流，经济全球化成为国际经济社会的重大趋势之一。为适应世界经济全球化的大趋势，融入世界发展潮流，中国不断深化改革，扩大对外开放力度，并于2001年11月10日加入世贸组织。自此，中外资金、技术、人才流动不断加速。而自1996年成立以来，新东方已经帮助数万学子成功走出国门，圆梦海外。

2004年2月，北京新东方前途出国公司正式获得教育部、公安部和国家工商行政管理局批准的自费留学中介资格认证，成立新东方前途出国咨询有限公司，全面开展留学咨询等相关业务。这是新东方旗下唯一从事出国留学服务的专职机构。至今已发展为一家拥有21年专业留学办理经验、40多家分公司、专业顾问千余人、学生年输出人数近万的留学教育品牌机构。新东方前途出国致力于促进中国和世界发达国家及地区之间的文化教育交流；研究中国和世界发达国家及地区之间的国际教育发展与趋势；推进中国教育机构的国际化进程及国际间的项目合作。新东方前途出国立志于提供最专业的国际教育服务，帮助每一位梦想出国的学生实现自己的梦想，成功打造成专业、权威、诚信的留学服务旗舰品牌。2016年12月，前途出国再次斩获"影响力留学服务品牌"称号，这已是前途出国连续8年获得这一荣誉称号。另外，前途出国还曾获得"最具品牌影响力留学机构""最受信赖国际教育品牌"等奖项。

3.环境机会

这里的环境是广泛意义上的社会大环境，包括政治、经济、文化、社会等多方面，尤其是政治大环境。每一个个体都存在于社会大环境当中，在潜移默化中受到影响。在中国，市场受政府政策的影响尤为明显，创业者要提升政治敏锐性，善于从相关政策文件中发现商机。比如，"一带一路"倡议的施行，给沿线国家和地区的经济、文化、社会等方面的发展等带来更多机会。比如包括高铁、公路、水路、航运、港口等在内的不同类型的交通工程将成为"一带一路"建设中的重点，这就为相关行业带来了新的机遇和市场。

三、创新与创业机会的识别

通常情况下，创新与创业机会的识别过程主要包括对创业机会的感知、发现和创造等环节。而且成功地识别创新与创业机会是多种因素共同作用的结果，特别是创业者识别商业机会的能力。具体来看，创业者良好的创业愿望、独特的创业能力和积极的创业心态这三方面尤为重要。

① 资料来源：新东方官网。

（一）影响创新与创业机会识别的因素

良好的创业愿望是机会识别的前提。思想是行动的先导，创业愿望是个体是否从事创业活动的一种主观态度。只有持有良好的创业愿望，创业者才会去关注创业相关事宜，并识别创业机会。现实生活中，因对现行生活方式不满意而产生创业想法的人不计其数，而且年轻人是主力军。2015 年腾讯在国内做过一份创业调查，在 20—40 岁的城市人群里，有创业冲动的人占 75%，已经走在创业路上的人高达 19%。① 这说明，在中国大部分的青年人和中年人期望通过创业来改变现有的生活方式。

独特的创业能力是机会识别的关键，特别是具有敏锐的行业洞察能力和积极的模仿与创新能力。前者主要指创业者在既往工作中累积起的行业经验，进而内化形成个人独特的“商业嗅觉”。它能够帮助创业者从某件偶然事件中感知到商业机会的存在。后者指创业者在面对可能的创业机会进行积极尝试，勇于创新的做法。在实践中不断尝试、检验，这在一定程度上也能够发现商业机会。

积极的创业心态是机会识别的基础。创业路上，风险无处不在。创业者要做好吃苦的心理准备，正确看待创业过程中出现的问题或遭遇的挫折，尝试从其他视角探寻解决问题的可能性，善于从挫折中吸取经验教训，进而指导后续工作的开展。

（二）创新与创业机会识别的方法

1.市场调研

市场是创业者获取第一手信息的来源。通过积极深入市场开展调研，了解目标市场实际供需情况、变化趋势、顾客的满意程度、改进建议、观察竞争对手的优势与劣势，进而分析市场当下出现的问题或是可能存在的机遇，进而对产品或是行业动态做出下一步判断。通过市场调研对市场信息进行处理和把握有助于创业者识别商业机会。

2.头脑风暴

头脑风暴，即自由思考法。团队内部针对某一个问题，进行天马行空的联想和讨论，它鼓励幻想、延缓批判，积极营造一个完全自由的讨论空间。研究表明：创业虽然是个体行为，但是通过组建相互依赖、相互担责的高质量团队，创业的成功率和持久性更高。而创业团队的领军人物可以经常带领团队成员开展头脑风暴，相互启发、相互刺激，不仅可以发现更多商业机会，还可以增强团队凝聚力。

3.系统分析

创业者可以从行业的宏观环境（政治环境、经济形势、技术水平、人口素质等）到中观环境（行业发展状况、产业链条衔接情况、行业变革与创新等）进行系统分析，再围绕自己可能从事的创业方向，分析其微观环境（产品或服务、消费者、竞争对手、供应渠道等）。这样系统的梳理可以帮助创业者发现市场空白或机遇。

---

① 资料来源：腾讯.2015 年中国细分人群创业潜力调查。

任务二

创新与创业模式的分析

案例导入

苹果 APP Store 的商业模式

德鲁克说过，当今企业之间的竞争，不是产品之间的竞争，而是商业模式之间的竞争。苹果作为一家高科技公司，自 1980 年 12 月 12 日上市之后，于 2012 年创下 6 235 亿美元的市值记录，截至 2014 年 6 月，苹果公司已经连续三年成为全球市值最大公司，并超越谷歌（Google），成为世界最具价值品牌。很多人将苹果的成功归因于乔布斯这一商业领袖的作用，但实际上苹果的成功归根到底是商业模式的成功。这种商业模式就是一方面通过销售硬件赚钱，另一方面通过出售软件和内容获得源源不断的收入。苹果 APP Store（在线商城）就是提供基于 iPhone 终端的内容服务产品的平台。iPhone+App Store 模式从 2007 年 iPhone 上市以来，累计销售已经超过 5 000 万部。而在 App Store 里的软件总下载量已经超过 20 亿次。尽管一个软件或者一款游戏的下载收费至多几十美元。但是在移动互联网时代，没有人会忽视这条无限长的“尾巴”。更为重要的是，在这样的组合中，可以相互促进销售，比如 iPhone 可以让更多用户下载 App Store 中的内容和应用。而当用户习惯了 App Store，他们自然会接着购买苹果的其他产品。这才是苹果产品真正的强大之处：它随时随地都在捆绑用户，让用户甘愿为苹果从口袋里掏钱。而当用户越来越习惯使用苹果产品后，他们就会对苹果产品产生依赖，而这种依赖是每个厂商梦寐以求的。APP Store 建立了用户、开发者、苹果公司三方共赢的商业模式。

【分析提示】

苹果公司的成功，除了产品本身的质量过硬之外，很大程度上是通过 iTunes 和 App store 平台开创了一个全新的商业模式——“酷终端+用户体验+内容”。这种基于设计超凡、高度统一的苹果产品终端，提供内容服务产品的平台——APP Store，它很好地实现了客户体验、商业模式和技术三者之间的平衡，并能持久盈利，独特到别人几乎不能复制。除此之外，苹果公司通过不同产品间的组合模式实现轻松获利。比如 iTunes+iPod 模式、iPhone+App Store 模式、iPad+iTunes+App Store+iBooks 模式等。这种硬件和软件及内容的组合商业模式不仅实现了公司的盈利目标，还为其他公司提供了借鉴。

一、创新与创业模式的含义

（一）创新与创业模式的含义

创业，是充满风险与挑战的过程，创业者不仅要投入大量的时间和精力，还需要通过提供产品或服务来创造商业价值。这就涉及商业模式的理解，以下是商业模式的不同含义。

商业模式就是企业市场价值的实现模式，其本质是可持续盈利的交易结构。

商业模式就是企业的运营结构，即企业通过何种内部流程和基本结构来创造价值。

商业模式是企业利益相关者为获取超额利润而制订的一种战略创新意图和可实现的结构体系以及制度安排的集合。

按照 IBM 商业研究所和哈佛商学院克利斯坦森教授（Christensen）的观点，商业模式就是一个企业的基本经营方法（method of doing business）。它包含四部分：用户价值定义（customer value proposition）、利润公式（profit formula）、产业定位（value chain location）、核心资源和流程（key resources &processes）。

通过对商业模式概念的梳理，我们得出创新与创业模式的定义：创新与创业模式是创业者创业项目或活动的经济本质、经营运作与战略发展的统一体。它不仅应该包括创业项目或活动的运营结构，还应该包括其核心价值和利润原则等内在方面。

（二）创新与创业模式的要素

既然创新与创业模式是一个体系，就必须清楚其内在结构和要素。首先，客户价值是创新与创业模式的基础，它是创业者为什么样的客户创造什么样的价值。简单地说，就是创业者自身定位问题。其次是盈利模式，即获取利润的方式，包括收入来源和成本结构。再次是产业定位，即创业者所从事的活动在产业链中的位置和充当的角色。最后是关键流程和资源，特别是创业者创业项目或活动的运营结构、所需要的科学技术。

案例 5

服装巨头 Zara 的商业模式创新

Zara 创始于 1975 年，是在全球排名第三的服装零售商 INDEXT 公司 9 个品牌中最出名的旗舰品牌。它既是服装品牌，也是专营 Zara 品牌服装的连锁店零售品牌，目前在全球 62 个国家拥有超过 2 100 家连锁店。Zara 在传统的顶级服饰品牌和大众服饰中间独辟蹊径开创了快时尚（Fast Fashion）模式，并成为行业先锋。随着快时尚成为服饰行业的一大主流业态，Zara 品牌也备受推崇，被称为“时装行业中的戴尔电脑”和“时装行业的斯沃琪手表”。Zara 作为一家引领未来趋势的公司，俨然成为时尚服饰业界的标杆。

Zara 之所以成功在于它的商业模式：锁定个性化消费需求，通过全程快速供应链管理，提供独一无二、与众不同的产品价值。在坚持拥有和运营几乎所有的连锁店网络的同时，Zara 投入大量资金建设工厂和物流体系，以便于“五个手指抓住客户的需求，另外五个手指掌控生产”，快速响应市场需求，为顾客提供“买得起的快速时装”。这种在服装加工、制作、销售、服务上达到快速化，并且成为一种模式，即“Zara 模式”。

创新之一：锁定个性化消费需求，提供与众不同、独一无二的产品价值。Zara 的成功最重要的在于它把握了个性化消费的潮流。在传统行业里，大规模生产的同质化产品只能依靠廉价来吸引消费者，以赚取微薄的利润，但没考虑到消费者对于满足自己个性化的产品是愿意付高价的，而这正是 Zara 瞄准的客户对象——喜欢时尚的青年人。Zara 值得大多数传统企业借鉴的是，它有意识地在自己的产品中“制造短缺”。虽然一年中它大约推出 12 000 种时装，但每一款的量却并不大。即使是畅销款式，Zara 也只供有限的数量，常常在一家专卖店中一个款式只有两件，卖完了也不补货。Zara 通过这种方式，满足了大量个性化的需求，培养了一大批忠实的追随者。“多款式、小批量”，Zara 实现了服装企业商业模式的突破。

创新之二：Zara 的设计师具有年轻人独特的创意与热情，经常到纽约、伦敦、巴黎、米兰、东京等时尚都市的第一线去了解女性服饰及配件的最新流行与消费趋势，并随时掌握商品销售状况、顾客反应等第一手信息。某种程度上，Zara 更像一个数据公司而不是服装公司——它并不以原创设计推动销售，而是把那些时尚界设计大佬们想出来的潮流尽最快速度从 T 台搬进店里。这样的设计方式能保证 Zara 紧跟时尚潮流。Zara 已占领了中高端市场 35%的份额。

创新之三：在 Zara，每个门店经理拥有向总部直接订货的权力。每隔半小时，Zara 女装、男装和童装的主管都会根据 POS 机里的销售系统，对店面进行实时控制和补货。专卖店每周根据销售情况下订单两次，这就减少了需要打折处理存货的概率，也降低了库存成本。Zara 的每一位门店经理都拥有一部特别定制的 PDA（手提数据传输设备），通过这台联网的 PDA 他们可以直接向总部下订单，而总部可以直接掌握每一间门店的销售情况，同时门店店长也可以和总部产品经理及时沟通。这样 Zara 可以做到设计、生产、交付在 15 天内完成。

创新之四：重金打造信息系统。在 Zara 调控中心的大办公区里，20 多名工作人员坐在电话机旁，使用包括法语、英语、德语、阿拉伯语、日语和西班牙语在内的不同语言，收集来自世界各地的客户信息。通过他们的工作，时尚情报信息每天源源不断地从世界各个角落流入 Zara 总部办公室的数据库。Zara 的主要信息来源是设计师和全球 2 100 多家门店。

【分析提示】

Zara 的客户价值即为喜欢时尚的青年人提供个性化消费需求；盈利模式是依托 2 100 多家零售专卖店获利，而成本主要在零售店面的信息化的软硬件投资方面；产业定位是在传统的顶级服饰品牌和大众服饰中间独辟蹊径地开创了快时尚模式，并成为行业先锋。关键流程具体表现为提高门店与总部的信息系统来全程控制供应链，关键资源主要是设计师。一个伟大品牌的崛起往往在于其商业模式:不仅外在创新了其运营结构和盈利模式,还内在实现了时代精神及消费者深层需求的高度契合。Zara 商业模式在全球所向披靡大获成功正是对此最好的诠释。

二、常见的创新与创业模式

(一)基于客户价值的创新与创业模式

立足客户价值的创新与创业模式,需要从更宏观的层面来重新定义用户需求。也就是说,作为一名创业者,要深刻理解用户购买你的产品或服务需要完成的任务或要实现的目标是什么。其实,用户完成一项任务需要的不仅是产品,更是一个解决方案(解题逻辑)。一旦确认了解决方案,也就确定了新的用户价值定义,并可依次进行商业模式创新。

案例 6

罗辑思维——我们的价值观,是为人赋能

2012 年 12 月 20 日,罗辑思维订阅号开通,次日视频节目在优酷开播,截至 2017 年 1 月 13 日订阅号的粉丝量突破千万,视频共播放约 4.8 亿次。其第 5 季节目改版后在"得到"APP 独播。2013 年 3 月 30 日,罗辑思维完成数百万天使轮融资,投资方为顺为资本。2013 年 8 月 9 日,罗辑思维推出"史上最无理"的付费会员制:5 000 个普通会员——200 元;500 个铁杆会员——1 200 元。5 500 个会员名额,半天告罄。2015 年 10 月 20 日,罗辑思维正式对外宣布完成 B 轮融资,估值 13.2 亿元。11 月 18 日,旗下知识服务平台"得到"APP 上线。2016 年 6 月 5 日,"得到"APP 推出第一个付费订阅专栏"李翔商业内参",截至 2017 年 3 月 8 日,"得到"APP 总用户数超过 558 万人,日均活跃用户数超过 45 万人,专栏累计销售 144 万份,专栏周打开率为 63.1%,专栏日打开率为 29.3%,成为影响力较大的互联网知识社群。

罗辑思维包括微信公众订阅号、知识类脱口秀视频及音频、会员体系、微商城、百度贴吧、微信群等具体互动形式,主要服务于"80 后""90 后"有"爱智求真"强烈需求的群体。其口号由最开始的"有种、有趣、有料"发展到今天的"和你一起终身学习",倡导独立、理性的思考,推崇自由主义与互联网思维,凝聚爱智求真、积极上进、自由阳光、人格健全的年轻人。作为《罗辑思维》脱口秀节目的主讲人和负责人,罗振宇对公司与员工关系的认识是不要把自己当成公司的一部分,要把公司当成你未来职业生涯的一部分。也就是说罗辑思维公司和员工的关系,不是传统意义上的"控制"或"激励"的关系,而是新型的"赋能"关系。即公司存在的价值,是让员工变得强大;员工个人的创新,本质上是为了让自己成长得更快,同时为公司创造价值。这也是未来公司与员工的发展趋势。公司产品与用户也可以用"赋能"关系来表示:作为知识服务商,罗辑思维通过"得到"APP 这一平台提供优质产品和订阅服务来满足用户终身、跨界、碎片化的学习需求。特别是年度订阅专栏,每天听书、精品课程等付费内容。

【分析提示】

从罗辑思维公司与员工的"赋能关系"可以看出:通过给用户赋能,帮助用户解决实际困扰,实现自我提升。"得到"app 平台的本质就是帮助用户完成"人格跃迁"的工具,满足用户"成为更好的自己"的期待。在帮助用户实现个人价值的同时,实现商业模式的创新。

(二)基于盈利模式的创新与创业模式

盈利模式是企业在市场竞争中逐步形成的特有的赖以盈利的商务结构及其对应的业务结构。人类营销发展历史和市场调研结果表明:真正的盈利模式都藏在表象的背后——表面上看着是 A,实际上真正盈利靠 Z。常见的盈利模式有广告盈利、租金盈利、团购盈利等方式。企业实际盈利模式的选择与企业发展阶段、目标群体、产品定位等要素息息相关。

案例 7

美国零售超市好市多(Costco)的增长秘密

作为美国第一大会员制连锁仓储式超市,好市多以优质、低价出名。好市多成立于1982 年,到 2009 年已经成为美国第三大、世界第九大零售商。2015 年,好市多是全球排名第二的零售商,成为沃尔玛的强劲敌手。截至 2016 年 7 月 1 日,好市多在全球总共拥有 705 家店,分布在美国、加拿大、英国、日本、中国台湾等地。好市多的商品只销售给会员,而且每个会员每年都必须支付会员费。好市多在全球的会员数量接近 9 000 万,金卡会员的年费是 60 美元,高级会员的年费是 120 美元,会员续费率高达 91%。为了让会员意识到"自己赚到的折扣已经超过会员费",好市多里一些商品的毛利率趋近于零,比如电视类电子产品的利润从 12%缩减到 2%~4%,会员就能以市面价格的 85 折买到商品,买一台电视得到的优惠就能把几年的会员费赚回来。就这样,当企业让利给消费者,为他们创造更大的价值时,消费者就愿意成为会员,企业也就开始获利。2015 年好市多财报显示,商品销售亏损了 1.6 亿美元,会员费收入 25 亿美元。会员费的增长直接影响了好市多超市的净利润增长:近五年来,净利润同比增长几乎都维持在 10%以上,而同等条件下沃尔玛净利润的平均增长率为 3%。在好市多,商品的毛利只够支付人事等日常开销,会员费才是最赚钱的生意。而会员费的本质就是顾客进店,还没有买东西就已经付钱了。所以好市多的采购必须竭尽所能为会员挑选最好的商品、最实惠的价钱,提供最优质的服务,从而实现双赢局面。因此,好市多超市的商业模式就是通过会员制使得众多合伙人单向共享好市多超市,好市多成为众多合伙人自己的超市。这就是好市多增长的秘密,也是好市多基于改变盈利模式而做出的创新举措。

【分析提示】

会员制是一种人与人或组织与组织之间进行沟通的媒介,它是由某个组织发起并在该组织的管理运作下,吸引客户自愿加入,目的是定期与会员联系,为他们提供具有较高感知价值的利益包。"VIP 会员"是用来凸显用户"尊贵身份"的常见方式,在年轻群体,特别是学生人群中非常受欢迎。商场、专卖店、团购网站等通过发放会员卡的形式让用户提升"身份",相应地为持卡会员提供更低廉的商品价格、更贴心的服务,从而达到刺激消费、扩大营业额的目的。互联网时代,内容经济大为盛行,付费会员制也纷纷流行。

(三)基于产业定位的创新与创业模式

这种创新与创业模式比较激进,对企业的要求比较高。它要求一个企业重新定义本产业,进入或创造一个新产业。也就是说创业者立足于本行业,对其中某一个环节进行改造,或是对原有模式进行重组创新,甚至是对整个游戏规则的颠覆。

案例 8

亚马逊经三次定位转变,确立服务型公司的发展方向①

亚马逊公司是美国最大的一家网络电子商务公司,成立于 1995 年。从一开始只经营网络的书籍销售业务,到现在扩大到书籍、电子产品、家居产品等多种经营范围,已成为全球商品品种最多的网上零售商和全球第二大互联网企业。当下亚马逊正在进行的商业模式创新向产业链后方延伸,为各类商业用户提供如物流和信息技术管理的商务运作支持服务,并向它们开放自身的 20 个全球货物配发中心,并大力进入云计算领域,成为提供相关平台、软件和服务的领袖。从创立至今,经过三次产业定位转变,亚马逊最终确立了自己"服务型公司"的发展方向。

第一次定位转变:成为"地球上最大的书店"(1995—1997 年)。亚马逊的创始人贝佐斯在看到信息技术行业,特别是互联网的蓬勃发展趋势后,萌生创办网上书店的念头,并很快通过各种办法筹集到资金,于 1995 年 7 月在西雅图(目前公司总部所在地)郊区租来的房子的车库中,创建了全美第一家网络零售公司——AMAZON. COM(亚马逊公司)。为了和线下图书巨头 Barnes & Noble、Borders 竞争,贝佐斯把亚马逊定位成"地球上最大的书店"。为实现此目标,亚马逊采取了大规模扩张策略,以巨额亏损换取营业规模。经过快跑,亚马逊从网站上线到公司上市仅用了不到两年时间。1997 年 5 月 Barnes & Noble 开展线上购物时,亚马逊已经在图书网络零售上建立了巨大优势。此后亚马逊和 Barnes & Noble 经过几次交锋,亚马逊最终完全确立了自己是最大书店的地位。

第二次定位转变:成为最大的综合网络零售商(1997—2001 年)。贝佐斯认为和实体店相比,网络零售很重要的一个优势在于能给消费者提供更为丰富的商品选择,因此扩充网站品类,打造综合电商形成规模效益成为亚马逊的战略考虑。1997 年 5 月亚马逊上市,并开始布局商品品类扩张,经过前期的供应和市场宣传,1998 年 6 月亚马逊的音乐商店正式上线。仅一个季度亚马逊音乐商店的销售额就已经超过了 CDnow.com,成为最大的网上音乐产品零售商。此后,亚马逊通过品类扩张和国际扩张,2000 年的时候亚马逊

① 资料来源:艾瑞网——艾瑞咨询《2012 年海外电商企业案例研究报告——Amazon》。

的宣传口号已经改为“最大的网络零售商”。

第三次定位转变:成为“以客户为中心的服务型企业”(2001 年—至今)。2001 年开始,除了宣传自己是最大的网络零售商外,亚马逊把“最以客户为中心的服务型公司”确立为努力的目标。为此,亚马逊从 2001 年开始大规模推广第三方开放平台、2002 年推出网络服务、2005 年推出 Prime 服务、2007 年开始向第三方卖家提供外包物流服务 Fulfillment by Amazon(FBA)、2010 年推出 KDP 的前身——自助数字出版平台 Digital Text Platform(DTP)。亚马逊逐步推出这些服务,使其超越网络零售商的范畴,成为一家综合服务提供商。

【分析提示】

亚马逊公司经过三次定位转变,从最大的书店到最大的综合网络零售商,到现在的服务型公司。通过线上与线下的业务扩张,不断在新的市场开发产品,逐步构建了商业生态系统,突破了互联网电子商务的传统。

(四)基于核心技术的创新与创业模式

科技是第一生产力,科技水平的提升不仅会提高生产效率,还会引发企业深层次的变革。企业核心技术的突破和创新,很大程度会改变企业的收入来源和成本结构,进而为企业进行商业模式创新提供契机。随着科技在当前市场竞争中的重要性不断凸显,各企业纷纷加大企业 R&D(研究与试验发展)经费投入,来提升行业或产品竞争力。

案例 9

华为:专注 ICT,成就全球标志性科技品牌

华为技术有限公司是一家生产销售通信设备的民营通信科技公司,成立于 1987 年,总部位于中国广东省深圳市龙岗区坂田华为基地。华为的产品主要涉及通信网络中的交换网络、传输网络、无线及有线固定接入网络和数据通信网络及无线终端产品,为世界各地通信运营商及专业网络拥有者提供硬件设备、软件、服务和解决方案。

作为全球领先的信息与通信技术(Information Communication Technology,ICT)供应商,华为聚焦 ICT 管道战略,为实现更好的全连接世界,在关键技术、基础工程能力、架构、标准和产品开发等方向持续投入,致力于用更宽、更智能、更高性能、更可靠的零等待管道,为用户带来更好的体验。华为在面向未来的基础研究和创新上持续加大投入,在 ICT 的热点前沿领域已取得众多研究成果,希望借助技术的创新突破来驱动产业的发展与商业模式成功。比如,5G 移动通信领域,华为在 3GPP 领导下,积极推动 5G 全球统一标准,持续投入 5G 新技术研究创新,积极与运营商进行 5G 核心技术外场验证。网络技术研究领域,华为发布业界首个 VR Ready 网络创新解决方案,并展示满足云计算、云网络需求的下一代分布式路由器创新架构。光网络研究领域,华为提出面向全云化时代的光网络 2.0,并实现了光领域的重大技术创新。人工智能领域,华为聚焦主航道,利用人

工智能技术提高 GTS 交付效率与服务质量,实现网络问题预测预防,持续为客户创造价值。电池领域,华为持续聚焦“高能、快充、安全”的技术突破。

华为坚持每年将 10%以上的销售收入投入研究与开发。2016 年,从事研究与开发的人员约 80 000 名,约占公司总人数 45%;研发费用支出为人民币 76 391 百万元,占总收入的 14.6%。近十年累计投入的研发费用超过人民币 313 000 百万元。截至 2016 年 12 月 31 日,华为累计获得专利授权 62 519 件;累计申请中国专利 57 632 件,累计申请外国专利 39 613 件,其中 90%以上为发明专利。华为的品牌目标就是成为全球标志性的科技品牌。

【分析提示】

华为公司重视技术创新,持之以恒地对标准和专利进行投入,每年保证销售额的 10%作为研究与开发经费来保障产品质量。特别是在 LTE/EPC 领域,华为基本(核心)专利数全球领先。正是不断地坚持技术创新,华为才有了今天领先全球的 5G 技术,才成为世界“百强”品牌。

三、关于互联网创新与创业的认识

当前,信息技术正以前所未有的规模和态势影响并改变着我们的日常生活,特别是互联网技术。正如美国南加州大学传播学院教授曼纽尔·卡斯特尔所言:网络的形式,将成为贯穿一切事物的形式。商业领域则形成了以信息网络技术为手段、以商品交换为中心的电子商务,并以蓬勃的态势呈现爆发式增长。作为一种新型的商业运营模式,电子商务凭借着减少库存、降低交易成本、缩短生产周期等优势,极大地提高了传统商务活动的效率。常见的电子商务分为 B2B、B2C、C2C、O2O 等模式。

B2B (Business to Business)模式:商家(泛指企业)对商家的电子商务模式,即企业与企业之间通过互联网进行产品、服务及信息的交换。通俗的说法是指进行电子商务交易的供需双方都是商家(或企业、公司),通过使用互联网技术或各种商务网络平台,完成商务交易的过程。这些过程包括发布供求信息,订货及确认订货、支付过程及票据的签发、传送和接收,确定配送方案并监控配送过程等。如阿里巴巴网。

B2C (Business to Customer):商家(企业)对顾客的电子商务模式,企业通过互联网为消费者提供一个新型的购物环境——网上商店,消费者通过网络在网上购物、网上支付等消费行为。这是我国最早产生的电子商务模式,目前国内市场上的主流 B2C 电子商务品牌当属天猫、京东。

C2C (Consumer to Consumer):个人与个人之间的电子商务模式。通俗地说就是一个消费者有一台旧电脑,通过网络进行交易,把它出售给另外一个消费者的交易模式。C2C 商务平台就是通过为买卖双方提供一个在线交易平台,使卖方可以主动提供商品上网拍卖,而买方可以自行选择商品进行竞价。如淘宝网、拍拍网、易趣网等。

O2O(Online to Offline):线上到线下的电子商务模式,即将线下商务机会与互联网结合在一起,让互联网成为线下交易的前台。其核心是在线支付。这样线下服务就可以在线上来揽客,消费者可以在线上来筛选服务,还有成交可以在线结算,很快达到规模。该模式最重要的特点是推广效果可查,每笔交易可跟踪。当前,餐饮业、服务业、团购几乎采取 O2O 模式,如百度糯米、美团网、饿了么等。

创业者依托互联网开展的创新与创业活动主要有两种形式:网上开店和网上加盟。前者是创业者自己搭建或依托第三方平台(如淘宝网)注册一个虚拟的网上商店(简称网店),然后将待售商品的信息发布到网页上并留下联系和支付方式,买卖双方相互联系达成交易的整个流程。作为一种新型销售方式,相较于线下的门店销售而言,网店具有投入不大、经营方式灵活、利润可观等优点,成为许多年轻人青睐的创业途径。时下流行的"网红经济"无一例外都是采取网上开店的模式,比如网红店主张大奕凭借其 545 万微博粉丝,在淘宝上经营自己的网店——"吾欢喜的衣橱"。上线不足一年就做到四皇冠,而且每次店铺上新,当天的成交额一定是全淘宝女装类目的第一名。而网上加盟是以某个电子商务网站门店的形式经营,利用母体网站的货源和销售渠道,经营者自己搭建或在相关网站平台上从事相关产品或服务的交易活动。比如休闲食品品牌——三只松鼠,中国第一家定位于纯互联网食品品牌的企业,也是当前中国销售规模最大的食品电子商务企业。最初是由 5 名创始团队组建,到目前公司全国雇员超过 1 700 余人,其中来自全国的电子商务运营团队 500 余人,平均年龄 24 岁,是全国最年轻的电子商务团队。2012 年上线当年实现销售收入 3 000 余万元,2013 年销售收入突破 3.26 亿元,2014 年"双十一",单日销售额达 1.09 亿元,全年销售额破 10 亿人民币。

电子商务的蓬勃发展给传统企业以冲击,以至于相当数目的传统经济纷纷选择将线下的实体商品经济活动搬到线上,开启互联网创业的新形势。虽然创新举措值得尝试,但风险与之并存。创业者需要正确看待实体经济和互联网的关系。正如著名经济学家张维迎在 2017 中国互联网大会上就互联网与实体经济的关系所做的阐述:"互联网与实体经济是一个互补关系而非替代关系。所有的互联网都建立在实体经济的基础上,离开实体经济,互联网什么都不是。"

任务三 创新与创业风险的管控

创业是风险与机遇并存,创业者要有风险意识。 ——厉以宁

案例导入

乐视生态战略的危机

乐视成立于 2004 年,创始人贾跃亭,从成立乐视网到组建乐视影业,继而正式发布超级电视,伴随着乐视商城在电视、手机、体育、影视娱乐、互联网金融等领域的全面覆

盖。乐视一直致力打造基于视频产业、内容产业和智能终端的“平台+内容+终端+应用”的全产业链业务体系,被业界称为“乐视生态”。乐视垂直产业链整合业务涵盖互联网视频、影视制作与发行、智能终端、大屏应用市场、电子商务、互联网智能电动汽车等;旗下公司包括乐视网、乐视致新、乐视影业、网酒网、乐视控股、乐视投资管理、乐视移动智能等。2014 年 3 月,乐视体育独立,由乐视网的一个频道,发展为基于“赛事运营+ 内容平台+ 智能化+ 增值服务”的全产业链体育生态型公司。2015 年 4 月,乐视超级手机正式面世,进入了中国主流智能手机企业行列。2016 年,乐视与广汽集团、众诚汽车保险共同投资成立了大圣科技股份有限公司,打造修车、用车、买车、租车换车一站式平台。乐视一路迅猛发展,从一家二流视频网站起家,迅速成长为横跨七个行业、涉及上百家公司和附属实体的大型集团,仅乐视网市值最高峰时就超过了 1 500 亿元。随之而来的是日益凸显的资金与组织压力。2016 年 11 月,乐视手机、乐视汽车相继爆出资金链紧张、拖欠供应商货款等问题。次年 3 月乐视体育接连失去中超、亚足联旗下赛事版权,引发乐视生态资金链紧张和员工离职热潮。鉴于乐视面临的资金困局,7 月 6 日,乐视创始人贾跃亭辞去乐视网董事长等所有职务,前去美国开拓乐视汽车业务,随之被爆出身陷资金危机。2017 年 7 月 21 日,在以电话会议形式召开的乐视网董事会上,孙宏斌当选为乐视网董事长。

截至 2019 年上半年,乐视网的营业成本及销售费用、管理费用、研发费用合计 3.16 亿元,管理层尽力控制成本费用,使日常运营成本、CDN 费用、人力成本大幅下降,但并未扭转经营性亏损局面。乐视创业 12 年,横跨 7 个行业,而且这种跨产业链的多元跨界经营的天量投资全靠输血在支撑,以至于身陷资金困局无法自拔。

一、创新与创业风险概述

1.创新与创业风险的内涵

关于风险,美国学者 A.H.威雷特早在 1901 年就提出:“风险是关于不愿发生的事件发生的不确定性的客观体现。”这一说法强调了风险的客观性及本质上的“不确定性”。20 世纪 30 年代,美国经济学家奈特指出风险是可测定的不确定性。这一说法指出了风险的可控性质。20 世纪 80 年代初,日本学者武井勋认为风险是特定环境和特定期间内自然存在的导致经济损失的变化,并归纳提出了风险的三个基本要素:①风险与不确定性有差异;②风险是客观存在的;③风险是可以预测的。结合上述关于风险的认识,笔者认为创新与创业风险是创业者在创业过程中由于各种结果发生的不确定性而遭受损失的可能性。这一内涵包含两层意思:一是指风险因素,即创业过程中有可能遇到某些风险因素的干扰;二是一旦某些风险因素真正发生,创业者就会遭遇难以克服的困难,导致创业活动举步维艰,甚至失败。

2.创新与创业风险的类型

由于创业环境的不确定性、创业过程中信息的不对称性和创业团队内部成员的能力差异等诸多方面的原因,创业过程中很容易出现各种类型的风险。根据不同的分类标准,形成了不同的创新与创业风险类型。按照创新与创业产生的内容可划分为机会风险、技术风险、市场风险、财务风险、生产风险、管理风险、政策与法律法规风险。

(1)机会风险

机会风险,即机会成本风险。创业者在做出创业选择的同时,就意味着放弃了就业或其他的选择。如一个“码农”(对依靠写代码为生的群体的称呼),年薪为20万元,这20万元就是他的机会成本。一般来说,“码农”工作时间越长,就越会提升写代码的能力,机会成本就越大。如果他选择创业的话,前期需要投入60万~90万元的资金,实际上他已经投入了80万~110万元的资金,也许会更多。因为这其中包含的机会成本也是动态变化的。

(2)技术风险

技术风险是指在创新与创业过程中,由技术因素及其不确定性而导致创业失败的可能性。具体来说,包含三方面的风险:技术是否成功的风险、技术的前景是否乐观的风险以及技术是否有效的风险。每一项新技术从研究开发到实现产品化和产业化是一个漫长的过程,任何一个环节出错都会导致项目的中断甚至失败。这其中充满了各种不确定性因素。

(3)市场风险

市场风险是指市场的不确定性导致创业者面临亏损的可能性。产品或服务研发成功,投入市场,会面临着市场价格、市场接受时间、市场需求量等多方面的考察和检验。以青霉素的发明为例,1928年英国科学家弗莱明由偶然原因发现了青霉素这一抗生素的存在,但是直至第二次世界大战爆发,巨大战争伤亡对抗生药物产生迫切需求时,青霉素才大规模派上用场。中间十几年的时间里青霉素及其发明者弗莱明都不为人所知。创业者的产品或服务的最终指向就是投放市场,接受市场的检验,从而获得期望的价值。因此,市场风险是不可避免的。

(4)资金风险

资金风险是指因资金不能及时供应而导致创业失败的可能性。资金缺乏是创业者面临的最普遍的问题,从创业初期到产品或服务面市,以至于后期运营管理,无不与资金紧密相连。因此要确保企业的银行账户里始终有足够的资金以供流转。案例导入中,乐视生态战略危机的本质就是资金危机,因开展跨产业链的多元跨界经营,以至于公司内部资金无法正常流动,引发产业链中断和员工离职等一系列危机。资金风险对创新与创业企业是致命的威胁。

(5)生产风险

生产风险是指企业提供的产品或服务从小批试验到大批生产过程中遭遇的各种难以预料的障碍,以至于企业无法按照预定成本完成生产计划。生产风险主要是原材料、设备、技术人员、生产工艺及生产组织等方面产生的风险。

(6)管理风险

管理风险是指企业运营过程中因管理不善产生的风险。具体来说,管理风险包含因管理者素质和能力差异产生的风险、决策不当产生的风险、权力分配不合理产生的风险以及组织和人力资源风险等方面。创业者和管理者是两种不同的角色,各自的任务和能力要求是不一样的。在我国,大部分私营企业的老板既是创业者又是管理者。而在资本主义国家,企业所有者(创业者)和经营者(管理者)基本上是分离的。因为企业管理有特有的规律和要求,企业所有者(创业者)为了使资源得到最佳组合,通常都是通过聘请职业经理人来管理企业,而自己只是作为所有人来监督企业的运营和发展。相较国外这种成熟的经营管理模式而言,我国私营企业这种所有者和管理者兼任的管理模式很容易产生管理风险。

案例 10

三鹿集团败于管理失控

三鹿集团(石家庄三鹿集团股份有限公司的简称),前身是1956年2月16日成立的"幸福乳业生产合作社",经过几代人半个世纪的奋斗,在同行业创造了多项奇迹和"五个率先":1983年,率先研制、生产母乳化奶粉(婴儿配方奶粉);1986年,率先创造并推广"奶牛下乡、牛奶进城"城乡联合模式;1993年,率先实施品牌运营及集团化战略运作;1995年,率先在中央电视台一频道黄金时段播放广告;1996年,率先在同行业导入CI系统…… 三鹿早期发展良好,经过50年的滚动发展,已成为集奶牛饲养、乳品加工、科研开发于一体的大型企业集团,成为国内乳品行业第一阵营企业,并先后获得全国质量管理先进企业、国家科学技术进步奖等一系列奖项和荣誉。2007年,集团实现销售收入100.16亿元,同比增长15.3%。2008年5月20日开始,全国各地先后爆出多名婴儿因食用三鹿低价位奶粉而导致肾结石、肾功能不全或死亡事件。经核实,三鹿"问题奶粉"为不法分子在原奶收购中添加化工原料——三聚氰胺(用于提高蛋白质检测值)所致,不法分子多是牧场、奶牛养殖小区、奶厅的经营人员。9月13日,中国国务院启动国家安全事故I级响应机制("I级"为最高级:指特别重大食品安全事故)处置三鹿奶粉污染事件。有关部门对三鹿婴幼儿奶粉生产和奶牛养殖、原料奶收购、乳品加工等各环节开展检查。12月25日,河北省石家庄市政府举行新闻发布会,通报三鹿集团股份有限公司破产案处理情况。三鹿牌婴幼儿配方奶粉重大食品安全事故发生后,三鹿集团于2008年9月12日全面停产。截至2008年10月31日财务审计和资产评估,三鹿集团资产总额为15.61亿元,总负债17.62亿元,净资产-2.01亿元,12月19日三鹿集团又借款9.02亿元付给全国奶协,用于支付患病婴幼儿的治疗和赔偿费用。目前,三鹿集团净资产为-11.03亿元(不包括2008年10月31日后企业新发生的各种费用),已经严重资不抵债。至此,经中国品牌资产评价中心评定,价值高达149.07亿元的三鹿品牌资产灰飞烟灭。

【分析提示】

通过对三鹿集团发生的毒奶粉事件进行分析,不难看出:伴随着企业规模扩大,企业管理风险也不断加大。三鹿集团从2005年到2007年一直处于快速扩张阶段,公司从上到下忽视对牛奶源头的控制,甚至接受质量低下的原奶。其"奶牛+农户"饲养管理模式在执行中存在重大风险,直接导致了不合格的奶制品在商业腐败中流向市场,危害消费者。通常风险和收益是对等的,巨大的收益下往往潜藏着巨大的风险。

(7)政策与法律法规风险

政策与法律法规风险是指创业者在创业过程中所处的社会、政治、政策、法律环境的变化而造成失败的可能性。通俗地说,就是企业面临的环境风险。

二、创新与创业风险管控

创新与创业过程中,风险是客观存在的,任何形式的风险都会影响企业价值目标的实现。树立风险意识,遵循风险管理原则,尽可能地规避和控制创新创业过程中遭遇的各种风险,是创业者的责任所在,也是其职业素质的体现。

1.风险管控原则

在金融领域,现代风险管理有两条基本的原则:一是风险管理自上而下的原则;二是风险管理独立并建立在良好公司治理架构基础上的原则。前者强调的是风险管理必须自上而下地推动,而不能是自下而上的过程。风险管理的原动力在于董事会和最高管理层。这强调的是董事会和高管层在风险管理方面的首要责任,必须肩负起在整个公司范围内自上而下推动风险管理,职位越高,权力越大,风险管理责任也越大。后者强调的是,在股东所有和经理经营的现代企业制度中,风险管理应独立于具体承担风险的业务部门,独立的风险管理部门是直接向代表股东利益的董事会汇报。在现实的企业运行过程中,公司董事会、经营层、业务部门与风险部门是有机结合的整体,共同对公司的风险管理结果负有责任。而且有效的风险管理需要公司每一个部门都要执行自己的职责,发挥自己的作用。

在商业银行业经营管理中,风险管理是重中之重,主要包含五大原则:一是强调事前管理;二是通过数量化佐证来衡量风险程度;三是预设最坏的情境;四是模拟评估风险;五是弹性化调整。上述风险管控原则理论上为新创企业规避和控制风险提供了借鉴和参考。

2.创业与创业风险的规避与控制

创新与创业过程中,风险管控的一般程序是风险识别、风险评估和风险应对。

(1)风险识别

风险识别,即创业者对创业过程中可能发生的创业风险进行预测的过程。这对创业者提出了挑战,它要求创业者具备风险意识和识别风险的能力。通过开展调查研究收集相关信息,运用风险分析流程图、建立风险因素清单和风险档案等方法尽可能地明确企业遭遇风险类型,并进行原因分析。需要注意的是,信息收集要全面、风险因素罗列要全面、分析的结果要综合到企业战略目标中。风险识别是应对一切风险的基础,只有识别了风险才可能化解风险。

(2)风险评估

风险评估，即创业者中风险事件发生之前或之后，对风险事件造成的影响和损失的可能性进行量化评估的过程。常见的有定性分析方法与定量分析方法。定性分析方法可采用问卷调查、集体讨论、专家咨询、情景分析、政策分析、行业标杆比较、管理层访谈、由专人主持的工作访谈和调查研究等。定量分析方法可采用统计推论(如集中趋势法)、计算机模拟(如蒙特卡洛分析法)、失效模式与影响分析、事件树分析等。风险评估框架及流程如图 5-1 所示。

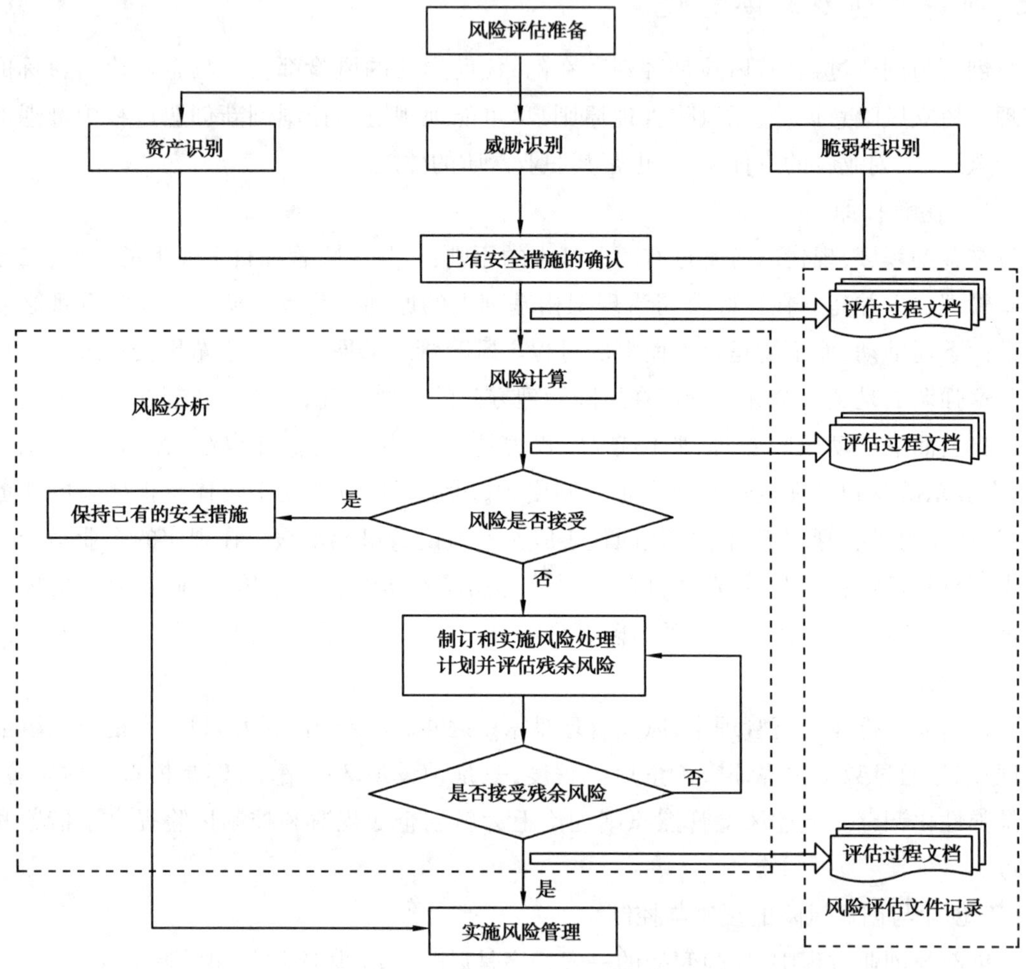

图 5-1　风险评估框架及流程

(3)风险应对

风险应对，即创业者选择最佳的风险管理策略，及时有效地进行风险防范和控制的过程。常见的风险应对策略包括风险承担、风险规避、风险转移和风险控制等。

①风险承担即创业者不采取任何措施来降低风险或者减轻损失的做法，也就是自留

风险。通常有积极地接受和消极地承受两种类型。这种策略多适用于发生概率小且损失程度低的风险类型。

②风险规避是企业通过放弃或者停止与该风险相关的业务活动以避免和减轻损失的策略。虽然规避风险可从根本上消除隐患,但是并不是所有的风险类型都能够回避或应该进行回避。因此,风险规避策略有很大的局限性。

③风险转移即创业者通过合同或非合同的方式将风险转嫁给另一个人或单位的风险管理策略。如通过对财产投保来转嫁投资意外事故风险,或者采取多个人共同投资的方式,就是有限责任来分散个人风险。时下,通过保险来转移风险是最常见也是最有效的风险管理手段。

④风险控制即创业者采取适当的控制措施来降低风险或者减轻损失,将风险控制在可承受范围之内的策略。鉴于风险的维度指向风险发生的可能性以及发生后造成损失的程度,因此风险控制就是降低其发生可能性,或者降低发生后损失的程度。具体的做法有简化生产流程、选择可靠的供应商、优化系统、扩大资源投入或是延长时间等。

思考题

1.作为一名创业者,如何识别身边的创新与创业机会?

2.互联网时代,常见的电子商务模式有哪些?请结合实际案例予以说明。

3.请结合实际案例,谈谈在创新与创业过程中如何规避政策与法律法规风险?

项目六

创新与创业企业开办

知识目标

1.了解企业的组织形式和注册流程。

2.了解企业产品创新的动力来源。

3.了解企业制度创新的内容。

技能目标

1.掌握企业组织形式之间的差异。

2.掌握企业银行开户的种类及适用范围。

3.掌握成功企业的共性。

4.掌握创业企业风险管控的方法。

学习重点

1.企业组织形式的多样性。

2.企业银行开户的流程。

3.初创企业和成长企业的经营管理方法。

4.创业企业的文化塑造与风险管控。

学习难点

1.如何识别企业的组织形式。

2.企业如何在银行开设账户。

3.同生命周期企业的经营管理方法。

4.识别企业的风险点。

任务一

企业开办的程序

案例导入

蒋磊16岁被保送清华大学,20岁保送硕博连读,但他中途退学创业。他初入清华园时,计算机还没有在大学生中普及,而蒋磊对计算机又非常感兴趣,他只能去机房捣鼓他的网页,他想把自己喜欢的军事小说整合到自己的网页上,信息一发布,就吸引很多军事迷,第二天就达到上百的点击量。

面对大量用户,蒋磊很兴奋。他把"虚拟军事"更名为"铁血军事网"。蒋磊办铁血网的资金来自一家搜索引擎网站,广告费用为600多元。尽管资金不多,他却用这笔钱买下了铁血网的域名,租了一个服务器,为以后网站的发展打下了基础。2004年他和另一个创始人欧阳凑了10万多元,注册了铁血科技公司。

一、企业的组织形式

企业的组织形式是指财产及其社会化大生产的组织状态,它表明一个企业的财产构成、内部分开协作与外部社会经济联系方式。目前我国企业的组织形式,即企业存在的形态和类型主要有三种:独资企业、合伙制企业和公司制企业。

(一)独资企业

常见独资企业根据主体不同分为国有独资企业和个人独资企业。

1.国有独资企业

国有独资企业是企业全部资产归国家所有,国家依照所有权和经营权分离的原则授予企业经营管理,国有独资企业依法取得法人资格,实行自主经营、自负盈亏、独立核算,以国家授予其经营管理的财产承担民事责任。国有独资企业出资方仅是国家。本级国有资产监督机构得到国务院或人民政府授权后,履行出资人职责。

2.个人独资企业

个人独资企业是最古老、最简单的一种企业组织形式。个人独资企业是指个人出资经营,归个人所有和控制,由个人承担所有经营风险和得到全部收益的企业。

个人独资企业有以下特点:建立和解散的程序简单;管理灵活;企业出资人负有无限责任;企业的规模因出资人精力或管理水平有限等难以扩大;企业可持续性较差。

(二)合伙制企业

合伙制企业是由两个或两个以上的自然人通过订立合伙协议,共同出资经营,共负盈亏、共担风险的企业组织形式。

合伙制企业分为普通合伙制企业和有限合伙制企业。

1.普通合伙制企业

普通合伙制企业是由两人以上普通合伙人组成,合伙人对合伙企业债务负有无限责任。不过根据新修订的《中华人民共和国合伙企业法》,对于普通合伙制企业,在某些特殊情况下,其合伙人也可能承担有限责任。

2.有限合伙制企业

有限合伙制企业由两个以上五十个人以下的普通合伙人和有限合伙人组成,普通合伙人对合伙企业债务承担无限连带责任,有限合伙人以其认缴的出资额为限对合伙企业债务承担责任。当有限合伙制企业只有普通合伙人时,应转为普通合伙企业。如果只有有限合伙人时,企业应予解散。

(三)公司制企业

公司是以营利为目的的企业法人。在我国根据《中华人民共和国公司法》(以下简称《公司法》)有两种主要形式:有限责任公司和股份有限公司。

1.有限责任公司

有限责任公司,简称有限公司,在我国的有限责任公司是根据《中华人民共和国公司登记管理条例》登记注册,股东的数量是五十人以下,每个股东以其所认缴的出资额为限对公司承担有限责任,公司法人以其全部资产对公司债务承担责任的经济组织。

有限责任公司的优点是设立程序比较简单,内部机构设置灵活,更不用公告公司的财务信息。其缺点是由于不能发行股票,筹资范围和规模较小,较难满足企业的扩大再生产,因此有限责任公司比较适合初创企业的类型。

2.股份有限公司

股份有限责任公司,简称股份公司,是指由一定人数以上的股东组成,公司全部资产划分为等额股份,股东以其所拥有的股份对公司担负有限责任,公司以其全部资产对公司债务担负责任的经济组织。

股份有限公司具有以下特点:股东具广泛性;出资具有股份性;股东责任有限性;股份公开、自由性;公司具有公开性。

有限责任公司和股份有限公司的差异如下:一是公司设立时对股东人数要求不同。股份有限公司的股东五人及以上,没有上限;有限责任公司两人以上五十人以下。二是股权的表现形式不同。股份有限公司,股权等额划分;而有限责任公司股份不作等额划分。三是股份转让限制不同。股份有限公司可以发行股票,并交易和转让;有限责任公司不能发行股票,股东转让出资由董事会或股东会讨论通过。

二、企业的注册流程

(一)申请营业执照

新创企业申请营业执照一般会经过预先核准企业名称、确定企业经营地址、形成公司章程、刻私章、办理验资等。

1.企业名称预先审核

企业名称预先核准是企业名称登记的特殊程序,指的是设立公司应申请名称预先核准,可以使企业避免在筹组过程中因名称的不确定性而造成登记申请文件、材料使用名称杂乱,并减少因此引起的重复劳动、重复报批现象。

根据《中华人民共和国公司登记管理条例》中的规定,注册公司应当申请公司名称预先核准。无论是注册有限责任公司还是股份有限公司都需要全体股东指定代表或共同委托人向公司登记机关申请名称预先核准。"企业名称预先核准通知书"是公司申请设立登记时,应向注册机关提交的必备文件之一。

申请企业名称预先核准登记时,应提交如下资料:①企业名称预先核准申请书;②注册企业指定代表或委托代理机构及受托代理人的身份证明和企业法人资格证明及受托资格证明;③代表或受托代理机构及受托代理人的身份证明和企业法人资格证明及受托资格证明;④全体投资人的法人资格证明或身份证明。

企业名称登记主管机关应当自受理企业提交的企业名称预先核准申请书等资料 10 日内,对申请企业名称做出核准或者驳回的决定,分别发放"企业名称预先核准通知书""企业名称驳回通知书"。

2.选好企业所在地址

企业的选址影响企业的成本,进而影响企业的收益,因此企业的选址,对企业的成败具有举足轻重的作用。根据《公司法》规定公司注册地址必须是商业的办公地址,可选择到专门的写字楼租房,租房后凭借合同,在当地税务局办理印花税,同时提供业主的房产证的复印件。如果初创企业出资人自己有厂房或者办公室也可。

3.形成公司章程

公司的章程指公司依法制定,规定公司的名称、住所、经营范围、经营管理制度等重大事项的基本文件,以及规定公司组织及活动的基本规则的书面文件。不言而喻,公司章程是股东一致认可的,写明了公司活动和组织的基本规范,具有宪章地位。公司章程具有法律效力、真实可靠、自我约束和公开性等特征。

常见的有限责任公司的章程应包括:①公司名称和住所;②公司经营范围;③公司的注册资本;④股东的姓名、出资方式和出资额;⑤股东的权利和义务;⑥股东转让和出资条件;⑦公司的法定代表人;⑧公司的解散事由和清算办法;⑨股东认为需要规定的其他事项。

股份有限公司的章程必须载明的事项包括:①公司名称和住所、公司经营范围、公司设立方式;②公司股份总数、每股金额和注册资本;③发起人的姓名、名称和认购的股份数;④股东的权利和义务;⑤董事会的组成、职权、任期和议事规则;⑥公司法定代表人;⑦监事会的组成、职权、任期和议事规则;公司利润分配办法;⑧公司的解散事由与清算办法;⑨公司的通知和公告办法;⑩股东大会认为需要记载的其他事项。

4.刻法人章

刻法人章是指刻法人代表及股东的私章。刻法人章时,要带上法人及股东的身份证去刻章店,法人章需要到银行进行报备。如果法人章遗失,需立即通知开户银行停止预留印鉴的使用,并重新刻法人章,拿新的法人章到开户行填写更换银行预留印鉴表及预留印鉴卡,即可启用新的印鉴。

5.办理验资

初创企业在注册时,注册资本必须经过法定授权验资机构出具验资证明,比如会计事务所等。该证明是表示公司的注册资本是符合法律规定,这也是《公司法》的规定。

办理验资的程序:根据法律规定授权的验资机构出具"银行询问函"选择银行开立公司验资户,然后出具"股东缴款单""银行盖章后的询征函",银行寄至验资机构。此时,还需要寄公司章程、企业名称预先核准通知书、房屋租赁合同及房产证复印件等至验资机构。

6.领取营业执照

当地工商机关在初创企业提交企业登记材料后,根据相关法律法规进行审核。如果符合法律法规要求,工商机关会向申请企业发放营业执照。

(二)刻章

初创企业凭借工商机关颁发的营业执照到公安局授权的单位刻公章、财务章和合同章等。

(三)办理组织机构代码证

组织机构代码证是我国境内依法注册、依法登记的机关、企事业单位和社会团体和民办非企业单位颁发的一个在全国范围内唯一的、始终不变的代码标识。

初创企业在批准 30 日内持有关批准文件或者登记证书,到批准成立或者核准登记的机关所在地的质量技术监督部门申请代码登记,领取代码证。企业终止,该企业应自登记核准 30 日内注销,到原发证部门办理代码证注销手续。

(四)办理税务登记证

税务登记证,是从事生产、经营的纳税人向生产、经营地或者纳税义务发生地的主管税务机关申报办理税务登记时,所颁发的登记凭证。税务登记证包括税务登记证及其副本、临时税务登记证及其副本。适用范围初创企业开立银行账户、申请减税、免税、退税等必须出示税务登记证。国务院为了减少办证环节，提高效率，2016 年 12 月 1 日起实施个体工商户营业执照和税务登记证两证合一。

（五）三证合一

为了提高市场准入，在"一照一码"的基础上，实现由一个部门核发加载统一社会信用代码的营业执照。所谓"三证合一"是指工商营业执照、组织机构代码证和税务登记证合为一个证书，2015 年 10 月 1 日起在全国实行。

统一社会信用码编码规则基于唯一、统一、共享、便民和低成本等角度考虑，分为五个部分：第一部分，即第 1 位，表示登记管理部门代码；第二部分，即第 2 位，表示机构类别代码；第三部分，即第 3—8 位，表示登记管理机关行政区代码；第四部分，即第 9—17 位，表示组织机构代码；第五部分，即第 18 位，表示校验码。

2015 年 10 月 1 日之后，新创企业办理"三证合一"直接按公司注册所需的材料进行办理。2015 年 10 月 1 日之前注册的企业需提交营业执照正、副本原件、组织机构代码证原件、税务登记证原件、法人身份证原件等到当地工商部门办理"三证合一"。

三、银行开户和结算

银行账户是指各企业为了正常经营，在银行办理的户头，目的是办理存款、贷款、结算以及现金收付等。根据《中国人民银行结算办法》规定，各单位之间的经济往来，一般都采用银行办理转账结算。因此必须开立账户，才能委托银行收付款项。

（一）银行账户种类及适用范围

对于经济单位来说，银行账户分为四大类：基本存款账户、一般存款账户、专用存款账户和临时存款账户。

基本存款账户是企业为了办理日常转账结算和现金收付而开立的账户。基本存款账户适用范围是办理转账结算、现金收付、工资支付，为主账户。

一般存款账户是在基本存款账户银行以外的银行开立的银行账户，目的是借款或者其他结算需要。适用范围是办理存款人借款转存、现金缴存、借款归还和其他结算的资金收付，但不能办理现金支取。

专用存款账户指企业为了专用资金所开设账户，目的是加强资金管理。适用范围是大修理基金、职业福利基金等。

临时存款账户是企业临时需要开设的银行账户，但需要在规定时间内使用，最长不能超过两年。

（二）开立银行账户流程

①提交开户的相关证明。包括营业执照正本（三证合一）、副本公司章程、法定代表人身份证原件及复印件、合伙人或股东身份证复印件、经办人身份证原件及复印件、五章

（公章、财务章、法人章、合同专用章、发票专用章）、当地银行要求提供的其他材料。

②填写开户申请书。开户申请人要填申请开户单位名称、公司性质、单位地址等。

③填写印鉴卡片。委托银行办理结算时，银行核对印鉴卡片上企业预先留的印鉴，目的是保证企业的存款安全。

④获得银行账号。银行根据单位行政隶属关系、资金性质、指定相应的科目、开户单位顺序号组成。

⑤确定账户的使用方法。一般分为支票户和存折户。支票户适用于财务制度健全、业务频繁、数额较大等的企业；存折户适用于业务较小、金额较小和财务制度不健全的企业。

⑥交存开户款项。开户申请获批后企业通过转账的方式要交一定数额资金到银行。

⑦领取业务凭证。企业开户后，为了企业正常经营，要领取如存款凭证、进账单、信汇凭证、转账支票等凭证。

（三）企业结算债权和债务

企业开户成功后，对于债权债务的结算一般采用现金结算和转账结算。每一种结算方式适用的范围有所差异。现金结算适用金额不大的商品交易，通过一手交钱、一手交货的方式完成商品报酬和风险的转移。转账结算适用于个人与单位经济往来和单位与单位之间的经济往来的大额商品交易的结算。

根据《银行结算办法》的规定，银行结算的种类主要有银行汇票、商业汇票、银行本票、支票、汇总、委托收款等结算工具。

①银行汇票。汇款人将款项交存当地银行，银行签发给汇款人持往异地办理转账结算或支取现金的票据。银行汇票适用于异地间先付款后发货的形式，属于临时采购交易的结算。

②商业汇票。商业汇票是收款人或付款人签发，由承兑人承兑，并于到期日向收款人或背书人支付款项的票据。根据承兑主体不同分为银行汇票和商业汇票。商业汇票异地或者同城均可使用，适用于先发货后付款或双方约定延期付款的商品交易。

③银行本票。企业将款项交存银行，由银行签发给其凭证以办理转账或支取现金的票据，分为不定额本票和定额本票两种，实质上是委托银行做出一种支付承诺。银行本票适用于购销双方一次性交易的单位或个人之间。

④支票。支票是银行存款人签发给收款人办理结算或委托开启银行将款项支付收款人的票据。支票分为现金支票和转账支票，前者可以转账，也可以支取现金，后者只能用于转账。支票适用于同城范围内买卖关系比较稳定、先付款后发货的商品交易。

⑤汇总。汇总是汇款人委托银行将款项汇给异地收款人的结算方式。汇总分为电汇和信汇。汇总主要适用于异地先付款、后交货的商品交易。

⑥委托收款。委托收款是收款人向银行提供收款凭证，委托银行向付款人收取款项的结算方式。委托收款分为邮寄和电报划回两种。主要适用于先发货、后收款或者企业主动收款的经济行为。

任务二

小企业的经营管理

案例导入

“星巴克咖啡是1971年4月由J. Baldwin, G. Bowker,Z. Siegel三人共同出资成立,原先仅为一家位于美国西雅图市中心派克市场销售咖啡豆、茶叶以及香料的小型零售店。1983年,现任的星巴克总裁霍华德·舒尔茨(已于2018年6月26日退休,但仍保留其在星巴克的董事席位),当时是星巴克的一名销售管理人员,在他的一次欧洲之旅后,决定将意大利式咖啡馆的饮品以及相关经营模式引入美国。但其经营理念与星巴克高层发生冲突,舒尔茨于1985年离开了星巴克,自立门户开了一家意式的每日咖啡馆,使用星巴克烘焙的咖啡豆来制作意大利式咖啡。而到了1987年,星巴克发生财政危机被迫出售,舒尔茨筹资购买了星巴克,将其改名为星巴克公司(Starbucks Corporation)。从这个时候开始,星巴克才逐渐从西雅图的小咖啡烘焙兼零售商,逐渐发展为目前全美最大的咖啡连锁店。

星巴克在短短三十多年的时间中创造了世界上最具价值的品牌之一,是世界领先的特种咖啡的零售商和品牌拥有者。目前公司已在北美、拉丁美洲、欧洲、中东和太平洋沿岸等地区拥有超过16 000家咖啡店,拥有员工超过150 000人,长期以来,星巴克一直致力于向顾客提供最优质的咖啡和服务,营造独特的“星巴克体验”,让全球各地的星巴克店成为人们除了工作场所和生活居所之外温馨舒适的“第三生活空间”。与此同时,公司不断地通过各种体现企业社会责任的活动回馈社会,改善环境,回报合作伙伴和咖啡产区农民。鉴于星巴克独特的企业文化和理念,公司连续多年被美国《财富》杂志评为“最受尊敬的企业”。

一、小企业的概念和界定标准

小企业是指劳动力、劳动手段或劳动对象在企业集中程度较低,或生产和交易数量规模较小的企业。因为地域、行业和时间的差异小企业的界定不同。我国常用的标准是根据企业的人数、销售额、资产总额等界定小企业。

二、小企业的特征

目前,小企业具有的共同特征:一是投入少,规模小,投入生产要素侧重于劳动力的投入;二是具有以奇、新取胜的内在动力,对市场的敏感度较高;三是小企业自身资源有限，提高了小企业适应市场的能力；四是小企业在获取服务、技术、资本等方面处于劣势地位，很多小企业的存续时间不长，破产率高。

三、小企业的生命周期

企业成长跟人的生长发育一样，也会经历不同的阶段。一般分为初创期、成长期、成熟期和衰退期。每个时期有不同的特点，企业应采取不同的应对策略。

企业从零开始的初创期是非常关键的时期，创业者用一个临时的组织不断探索，在实际的运营中验证自己的构想。这个阶段目标是探索企业盈利的商业模式，基本确认企业生产的产品是否适销对路、团队的搭建是否能经受住考验。

在初创期后，进入成长期，接着就是思考企业初创期的成果如何继续坚持和扩大。在这个阶段，企业的客户范围扩大、销售收入增加、管理的复杂性也增加。

在创业初期，企业的目标客户群是某一个群体。进入成长期之后，企业的销售对象不仅是初创期的客户群，还有另外的客户群体。这两个群体对企业的产品、购买决策等有不同的理解。

企业平安地跨过初创期、成长期后，就会进入成熟期。成熟期的持续时间依赖于客户对产品的认同和企业适应市场后的内部变革。

最后，基本上一般的企业都难逃离衰退期，而此时企业想转型已经相当困难。但也有少数企业重新进入成长期，这就需要企业内部拥有强大的创新动力。

四、初创企业的经营管理

初创企业自身可抵押的资产有限，导致融资异常困难，因此现金流就是制约初创企业成功与否的关键。如果初创企业现金流断裂，企业就会破产。

初创企业团队是另外一个影响企业能否长期持续的重要因素。由于初创企业组建团队时间不长，团队成员之间的信任和配合都没有经过实践的证明，需要一定时间去了解。大部分团队成员在企业成立的初期都职责混乱，可能相互推诿责任，再加上团队成员认知差异将导致团队成员的流失。然而，团队的稳定是初创企业成功的保证。

总之，一个从无到有的企业要取得成功，至少要有适销对路的产品、持续的现金流和稳定的团队。

1.适销对路的产品

初创企业资源有限，如果没有适销对路的产品，不能迅速打开市场，就可能退出市场。初创企业实力有限，不能对市场采用“全面进攻”策略，必须切换到“重点进攻”。初创企业“重点进攻”的前提是市场细分。

所谓的市场细分是指企业按照某种标准将市场上的顾客划分成若干个顾客群，每一个顾客群构成一个子市场，不同子市场之间，需求存在着明显差别。市场细分的动机是为企业所经营的产品找到准确的市场，也是市场定位的基础。市场细分的标准有地理、人口、收入、行为以及心理等。欧莱雅认为对美的认识不同的国家差异非常大，因此，该公司不试图去推广一种美的模式，在每一个国家或者地区，为了反映本地的美以及文化，欧莱雅都推出不同的产品去适应市场；再如手机市场可以通过价格细分为高端机和低端机来满足不同的顾客。初创企业要充分调研市场，找出适合本企业的机会。

企业在完成市场细分之后，就要根据自身的特点选择具体的市场。在该细分市场，企业必须拥有比较优势，才能获得利润。那些已经被占领的细分市场竞争激烈，市场空间较小，初创企业很难获得成功。

在确定目标市场后，初创企业下一步要做的就是在目标市场中把理论上的比较优势转化为现实的比较优势，让自己的企业和其他企业有一个显著的区分，使自己的企业取得竞争优势。比如，在客户的心中王老吉的形象就是“怕上火，喝王老吉”，与可乐、乐虎等饮料有明显的区别。

2.持续的现金流

产品上市后，初创企业必须关注企业的运作状况。产品的上市就像汽车上了道路，我们必须检测汽车的运行情况，现金流就像汽油，如果不及时加油，汽车就会停止运行。科龙集团曾经是中国家电行业的翘楚，受到消费者青睐。然而在2005年4月科龙集团发布2004年年报时，立即引起市场的剧烈反应，因而受到证监会的调查，随后科龙集团出现资金链断裂，导致科龙集团转让股权。

初创企业的利益相关方都关心现金流问题。客户关心如果企业的现金流不可持续，就没有人负责售后；债权人关注如果企业因现金流不可持续，就不能收回本息；股东关心企业经营者能不能用好资本，是否能获得回报。初创企业任何时候表现出来的财务数据，企业的经营者都要做到心中有数，做到有力控制财务风险。

不同行业、不同时间，现金流断裂的原因有所差异，总的来说有下面几种原因：

(1)运营资金的不足引起的现金流断裂

运营资金是企业维持日常运作的资金。如果企业的运营资金不足，现金周转缓慢，不能满足企业日常所需，就会引起财务风险，极大可能导致现金流断裂，致使企业无法维持。

(2)初创企业流动资产不足引起的现金流断裂

流动性资产是指企业掌握的现金或者企业可以迅速变现的资产。企业流动资产不足的原因主要是企业原本的运营资金不足。初创企业为了弥补运营资金不足，会使用短期贷款来填补资金，从而导致企业流动性负债过大，引起现金流断裂。此外，企业为了增加长期固定资产投资，会使用短期借款来冲抵。由于长期资产短时间之内盈利能力有限，短期借款还款压力加大，短期偿债能力丧失，从而引起企业现金流断裂。

(3)投资失误引起现金流断裂

出于种种原因企业投资失误，企业不盈利甚至亏损，资金的需求超过预算，企业受到较大的现金需求压力，从而影响企业的正常运作，引起现金流断裂。

(4)信用风险引起的现金流断裂

初创企业为了提高销售额,占领市场,时常以赊销的方式销售,但是企业不能够及时收回货款,甚至不能收回成为坏账。此时,初创企业进入市场不久,企业的运营资金减少,也会影响企业的短期偿债能力,从而影响企业的现金流的稳定,严重的就会引起现金流断裂。

(5)连带风险引起的现金流断裂

连带风险是指企业相关方发生损失,企业必须承担提前约定的相关损失。最常见的形式就是担保,被担保方发生重大损失,企业因连带责任而承担相应损失。如果需要赔偿的金额过大,企业无力承担,就会影响企业正常运作,引起现金流断裂。

为了规避现金流量断裂的风险,作为初创企业要做好如下几点:

一是完善企业内部财务控制。没有科学的内部财务控制制度,很难提高企业决策的科学性和准确性;二是要提高企业资金利用效率。提前规划资金的运行,科学地安排资金的使用;三是财务决策要具有合理性,尊重企业基本情况。

3.稳定的团队

据统计,诺贝尔获奖项目中,因协作获奖的占三分之二以上。在诺贝尔奖设立的前25年,合作奖占41%,而现在则跃居80%,所以,合作可以产生一加一大于二的倍增效果。初创企业不仅是做事,更是找到能做事的人。初创企业是探索的过程,更需要稳定的团队和具有合作精神的成员。

团队的稳定涉及两个要素:一是与投资人的关系;二是团队成员之间的关系。初创企业的开设需要投入资金,投资人和股东是公司重要的财富来源,又是公司的持有者之一。初创企业的创业者处理与投资人的关系就放在比较突出的位置。首先,创业者管理投资人的预期,给投资人的许诺不要太满,要给自己留有余地。如果创业者对投资人失信次数过多,就会失去投资人的信任,无疑投资人会采取措施,要么干预创业者的经营行为,要么撤回投资,造成一系列的冲突。如果有不可控制的因素,创业者要提前告知投资人,做好沟通,提前释放消息,让投资人有一个心理准备。其次,创业者要赢得投资人的信任。投资人投资初创公司的同时也在投资创业者本人。无论成功或失败,都要让投资人认为你竭尽全力去创办公司,就算是失败,大多都会得到投资人的认可和谅解。最后,在争取投资人投资时,也不要放弃企业的控制权。在创业初期,投资人往往处于强势地位,创业者处于弱势。为避免自己的胜利果实被他人"窃取",创业者要在尊重投资人的前提下,以制度为手段,掌握企业的控制权。

尽管创业团队为了一个共同目标走到一起,这个目标的本质就是追求利益,但在追求共同目标时,团队成员之间却有不同的"道",可能会造成分歧,严重的分歧可能会导致团队解散。

创业团队需要一个磨合的过程。唐僧师徒西天取经 ,最初这个四个人的团队一点也不团结,唐僧看不惯孙悟空,孙悟空也看不起唐僧,孙悟空与猪八戒是一对欢喜冤家。因为团队成员关系处理欠妥,“梦之队”几乎遭受灭顶之灾。还好后来误会消除,这个团队才真正有了凝聚力,最终取经成功,修得正果。

总之,伴随初创企业的发展、团队成员自身的变化,团队这个松散的组织会出现种种矛盾和冲突。作为创业者,要考虑投资人以及团队成员的利益,同时也要为公司树立共同的愿景,更要协调好相关方的关系。管理初创企业至少要有适销对路的产品、控制现金流以及维持团队的稳定。

五、成长期企业的经营管理

企业经过从无到有,一路跌跌撞撞度过初创时期,此时已经在市场中找到业务方向,有了一定的客户资源,也有一定的利润,接下来将面临成长的烦恼。少数创业者会“小富即安”,但是大多数创业者会积极主动适应环境,迅速提高企业的销售额,提高市场占有率,甚至有时是“人在江湖,身不由己”,企业的利益相关方也会推动企业向前发展。

1.客户对企业的期望

在初创期积累下来的客户资源,如果合作愉快,可能会要求企业提供更丰富的产品或者服务满足客户的需求。据调查,万科地产现有业主中,会向万科提出更多的需求,万科会收集意见,并落实到行动中去,结果是 56.9%业主会员将再次购买万科,48.5%的会员将向亲朋推荐万科地产。这在业主重复购买率一直比较低的房地产行业,不能不说是一个奇迹。

2.员工的诉求

员工进入企业,最根本的目的是实现自己的理想,希望企业能提供平台。如果企业不能快速提升,不能为员工的发展提供更大舞台,就很难留住有强烈欲望动机、有真本领的员工。企业如果原地踏步,人才就会流失,企业的发展空间也有限。

3.投资人利益的驱使

投资人投资企业的目的一般是获得利益,对投资项目进行评选,希望对选中项目进行投资获得回报。当投资能产生可观的利润时,投资人不会轻易放弃投资的项目,一般情况下,会鼓励创业者继续经营。

4.政府行政干预

政府基于税收、就业和政绩考虑,以行政手段干预企业经营,促使企业继续经营。

当多种力量推动企业前进时,创业者主观上又愿意企业走上继续成长之路。企业处于成长期时,最核心的就是引入规范化管理,主要从制度、授权和文化三个方面来考虑,促进企业稳定发展。

①领导者角色的转变。在创业初期领导者事必躬亲,大小事必须自己处理,但是企业进入成长期后,领导者要从英雄主义转变到具有创业精神的团队领导的角色。

②优化组织结构。处于成长期的企业,领导要授权,才能留得住人,才能激励下级完成企业的目标。在授权时,要以制度为约束,相互监督,不能滥用职权。对特殊事件的临

时授权也要有制度化,特殊事件结束授权作废。

③培育企业文化。处于成长期的企业亟须培育企业文化,文化不完善就会阻碍企业发展。首先成长期的企业要做到企业文化的制度化,要落实到制度中去,做到有章可循。其次,企业文化必须适应企业的自身情况,不能搞形式主义,不能脱离实际,才能形成共同价值观。最后,授权的制度化也要落实到企业的文化中,同时要建立健全企业文化组织。只有这样才能留住人才,为企业服务。

成长期企业的常见模式有两种:一种是规模经济。规模经济是将同一个产品或者服务扩展到更广大群体。客户数量增长,单位成本就减少,自然形成规模经济。另一种是范围经济。范围经济是指针对同一客户群体提供不同的产品或者服务。比如提供面包和牛奶的便卖店,现在还提供油条。

六、成熟期和衰退期小企业的经营管理

平安度过了初创期和成长期,小企业就会进入成熟期。这个时期的特点是企业会持续开发新产品、新业务,销售收入比较稳定。摆在创业者面前的是需要对产品进行技术升级或者必须面对社会结构的变革。柯达曾是时代的佼佼者,但到数字时代时,由于没有提前预备应对措施进行变革,柯达陷入困境,处于破产保护中。

一般企业走到最后往往都要进入衰退期,直至退出历史舞台。如果要延缓企业的衰退期,企业必须在面对内部阻力和惯性的情况下,具有强大的创新力对企业实施变革。

任务三

成功企业的特质分析

案例导入

在哈佛大学商学院的案例库里,中国企业有两家,其中之一就是联想。在这个名为《中国科技的奇迹——联想在中国》的案例中,哈佛经济学家认为,在全球所有的发展中国家里,还没有哪个国家拥有一家全球知名的信息技术企业,除了中国,除了联想。

2002 年 12 月 3 日,联想又一次聚焦了世人的目光,联想技术创新大会(Legend World)在联想大厦隆重举行,来自英特尔、微软、甲骨文、德州仪器等世界级信息产业的顶尖技术精英亲临联想,参加各种论坛和产品展示活动。

多年来,“World”基本上是国际优秀信息技术企业的通行证,国内信息技术企业在其中只能充当一个配角。联想代表国内 IT 企业首次坐庄“World”。这使中外知名企业巨头坐在了中国人的企业里谈经论道,这件事本身正是这种国际化合作潮流的体现,同时

也表明中国企业自身技术实力已经开始崛起，能够与世界对话未来。这些都让我们看到了中国未来科技发展的曙光。

据联想有关人士称，联想之所以能够举办此次盛会，根本原因是联想在技术方面投入了巨大的精力。

的确，创新是民族进步的灵魂。在新经济中，企业的核心竞争力来源于持续的创新力，创新再生产通过对扩大再生产的否定成为经济发展的主导力量。

如果说创新是新经济的动力之源，那么技术创新则成为企业发展的核心问题之一。创新要求技术创新作为其坚实的基础，而合理的技术创新方法则可以促进企业创新的整体进程，从而更有利于培育企业核心竞争力。

身处 IT 行业，每一个人都有一种紧迫感，因为我们看到，技术创新正在加速前进。例如半导体产业过去用了 28 年时间才使微处理器的速度达到 1 GHz；而近 20 个月以来，又以迅雷不及掩耳之势冲上了 3 GHz 的新高峰！

纵观企业的发展历史，很多企业短短几年就退出历史舞台，少部分企业却能持续经营，取得成功。随着创业发展的深入，创业者会思考一个重要课题，即成功企业的特质有哪些？

一、产品创新

产品创新是指创造某种新产品或对某一新或老产品的功能进行创新。产品创新又分为全新产品创新和改进产品创新。全新产品创新是指产品用途及其原理有显著的变化。改进产品创新是指在技术原理没有重大变化的情况下，基于市场需要对现有产品所做的功能上的扩展和技术上的改进。

（一）产品创新的动力机制

产品创新动力机制是产品创新的动力来源和作用方式，是能够推动产品创新实现优质、高效运行并为达到预定目标提供激励的一种机制。产品创新的目的是企业自身利益的最大化。在制度创新的前提下，产品创新主要有三种推进方式，分别是市场拉动型、科技推动型和政策激励型。

1.市场拉动型

市场拉动型是指由市场需求和市场竞争的影响而引发创新。市场需求引发的创新包括生产要素稀缺，要素的价格提高，而能节省该要素或者替代要素的创新，以及创业者开发新产品填补新的市场机会而引起的市场创新。市场竞争给企业造成的危机感或将要发生的威胁，使企业不得不从事创新，从而战胜竞争对手，获得市场份额，提高利润。

2.科技推动型

当今时代科技发展日新月异，越来越多的先进科学技术服务于经济领域，如果企业不采用先进技术服务于企业，那么企业制造的产品或提供的服务就会落后于时代，逐渐被消费者淘汰。企业产品的创新，科技的发展是另一个推动力量。

3.政策激励型

政策激励是企业产品创新的另一种推动力量。企业通过制订各种激发员工创新积极性、鼓励员工创新的措施推动企业产品创新。企业产品创新仅有市场需求的拉动和科技的推动是不够的,企业内部正确有效的激励政策,也是产品创新成功的条件之一。

(二)产品创新的重要性

产品创新可以增加获利机会,降低市场风险,形成企业利润的新增长点,有利于产品结构的调整;产品创新可积累核心技术和管理经验;产品创新有利于公司形成一种积极、主动向上的文化。因此成功企业特质之一就是产品创新。

二、制度创新

在市场经济条件下,企业是独立的商品生产者和经营者,是社会经济有机体的细胞,也是一个经济有机体,企业的运行和发展,需要一定的机制来推动,这种机制一定涉及企业制度创新机制。企业制度创新,是指随着生产力的发展,要不断对企业制度进行变革,因而通常也可以称为企业制度再造。

现代企业制度创新是为了实现管理目的,达到企业的利益最大化,把思维创新、技术创新和组织创新活动制度化、规范化,同时又具有引导思维创新、技术创新和组织创新的功效。它是管理创新的最高层次,是管理创新实现的根本保证。企业制度创新的目的是建立一种更优的制度安排,调整企业中所有者、经营者、劳动者的权利和利益关系,使企业具有更高的活动效率。

(一)企业制度创新的内容

我国正在逐步建立和完善社会主义市场经济体制,作为市场微观主体企业,必须适应这一巨大变革,必须建立适应市场经济体制运作的规则。目前我国企业制度创新的主要内容如下:

1.建立出资人制度

出资人制度主要涉及国有投资企业,经过资产评估或清产核资,量化对企业投资总量,国家对国有资产的管理从委托、授权转变为运营和投资。政企分开后,那些代表国有资产部门承担出资人的有限责任。

2.建立法人财产权制度

企业法人对总资产所表现的物、财等资源形态具有优化、重组、处置的权力,以期达到资产增值和扩充的目的。

3.所有者权益制度

母公司对所控制子公司,要充分建立所有者权益制度,表现为对经营者选择的控制、对投资回报的控制、对重大经营决策的控制。

4.建立法人治理结构

企业实现股东、董事会、经理层各司其职、相互制约的企业领导体制。根据科学的管理原理，规范和健全企业的法人治理结构。

5.企业的配套制度

以制度创新为中心展开的配套制度，如财务制度、采购制度和人事制度等。

（二）制度创新的重要性

2006年7月25日持续了近5个月、耗资52.68亿元，国美和永乐的合并案结束。新集团采用国美和永乐“双品牌”运营。永乐在上海、长三角等地区具有较强的优势，国美的全国整体实力优势明显，在网络布局上双方具有较强互补性，由于这种“互补性”，避免了资源浪费，在中国形成“一统江山”的局面。“合并”这种制度创新能提高利润、占领市场，可见制度创新在企业经营管理中具有非常重要的作用。

1.企业制度创新是企业存在的基础

各种生产要素依赖一定的制度来组织，因此企业制度是安排各种要素进行组合的基础和桥梁。没有制度企业很难存在，更谈不上发展。没有企业制度的创新，企业就会僵化，就会陷入“惯性”而无法自拔，因而制度创新是企业发展的基石。

2.企业制度创新是企业及其各机构的行为规范

企业各部门行为都要受制度的约束，必须遵守企业制度的安排，以此来确保企业目标的实现。因此企业制度实际上是企业本身及其各机构的行为准则。

3.企业制度创新是企业员工的行为规范

在企业，无论是普通员工，还是企业高层，其言行必须符合企业制度要求。如果不符合企业制度的要求，就会损坏企业的利益，影响企业目标的实现。

4.企业制度创新是企业提高效率的保证

企业运行具有高效率最重要的原因之一就是以企业制度作为支撑。如果企业制度有利于企业协调各方要素，那么此时企业具有活力。相反，如果制度安排阻碍了企业生产要素的合理配置，那么企业不具有活力，此时就会影响企业的运行效率。

5.企业制度创新是企业运行的体制保证

企业的一切经营行为，无论是生产经营活动，还是资本经营活动，一定存在于企业制度中，脱离了制度企业的经营行为，就会失去方向，更不可能保证企业的高效率运行。因此，企业的高效率运行必须依赖于企业的制度创新。

总之，对企业的经营者来说，如果企业制度僵化或者没有创新，就谈不上企业充满活力的问题，也就谈不上企业的有序化发展的问题，当然更谈不上企业高效率经营的问题。

三、创业风险管控

（一）创业风险的内涵

创业风险来自与创业活动有关因素的不确定性。在创业过程中，创业者要投入大量的人力、物力和财力，要引入和采用各种新的生产要素与市场资源，要建立或对现有的组织结构、管理体制、业务流程、工作方法进行变革。这一过程中必然会遇到各种意想不到的情况和困难，从而有可能使结果偏离创业的预期目标。

（二）创业风险的基本特征

1.创业风险的客观性

创业风险的客观性是指风险是不以人的意志为转移的。风险不仅存在于创业活动中，也存在于自然界中。

2.创业风险的不确定性

创业风险的不确定性是指创业风险发生的可能性与破坏性都是很难估计和预测的。这是由于创业者认识客观世界受到种种条件限制，对于创业将面临的风险不能准确地预测。

3.创业风险的可变性

随着时间和空间的改变，风险也会发生变化。今天所面临的风险可能明天就是机会。今天企业所面临的机会也许就是明天的风险。

4.创业风险的可测量性

尽管很多时候创业企业所面临的风险是偶然的，但还是有规律可循的。

5.创业风险和收益双重性

创业活动中，对创业者来说风险和利益同时存在，风险和利益往往成正比。

（三）创业风险的来源

创业环境的不确定性、创业机会的随机性和创业企业的复杂性，以及创业者和创业团队的认知与能力的有限性，都构成创业风险的来源。从根本上来说，风险的来源可以归纳为融资缺口、研究缺口、信息和信任缺口、资源缺口和管理缺口。

1.融资缺口

融资缺口是指研究基金和投资基金之间存在的距离。研究基金是指个人、政府机构或者咨询公司所分析的创业的理论上可行性。投资基金是指将理论上的可行性转化为现实的产品。创业者可以证明创业构想的可行性，但是没有充足的资金作为支撑，无法将构想实现，从而给创业带来风险。在现实中，往往只有极少数风险投资愿意帮助创业者将构想实现，多数风险投资家出于种种原因不愿意投资，实现创业者的构想。

2.研究缺口

研究缺口是指在创业者证明一个特定技术创新很可能成为一个盈利的项目时，而事实上将预先想的产品变成真正适销对路的产品还有很长的路要走，此时所产生的风险，即个人兴趣所做的研究判断和基于市场潜力的商业判断之间的距离，所产生的风险来源。

3.信息和信任缺口

信息和信任缺口指技术专家和管理者之间对产品认知差异所引起的风险。在创业过程中，对于产品的认知，技术专家往往由于预期、信息来源和判断与管理者产生不同的意见，如果技术专家和管理者又不能进行充分有效的交流，那么这种缺口就会越来越大，带来更大的风险。

4.资源缺口

资源缺口是指创业过程中,创业者认为创业的构想可行,但是无法提供创业所需要的资源而产生的缺口。如果创业者无法及时补充创业资源,创业就无从谈起。

5.管理缺口

管理缺口是指创业者没有创业所需的素质。常常表现为技术专家因具备技术才能进行创业,但是他们没有管理才能,从而导致创业风险。

(四)风险的类型

创业风险按风险来源的主客观性划分,可以分为主观创业风险和客观创业风险。按创业风险的内容划分,可分为技术风险、市场风险、政治风险、管理风险、生产风险和经济风险。按风险对所投入资金即创业投资的影响程度划分,可分为安全性风险、收益性风险和流动性风险。

(五)创业风险管理

创业风险管理是对企业在创建、生产经营过程中可能产生的各种风险进行识别、衡量、分析、评价,并适时采取及时有效的方法进行防范和控制。创业企业风险管理一般会经过五个步骤:

1.风险识别

风险识别是风险管理的基础,其任务就是清楚了解不确定因素和风险来源、各风险之间的关系以及后果。采用的主要方法有环境调查法、财务状况分析法、流程图法和保险调查法等。

2.风险评估

风险评估就是在风险识别的基础上,对可能发生的某类风险的预先估计、测度风险引起的后果等。采用的主要方法有定性风险评估和定量风险评估。

3.风险处理

风险处理就是运用各种方法和手段使风险的损失降到最低。最常用的方法有回避风险、转移风险以及损失控制和自留风险。

4.风险监控

创业企业通过跟踪已识别的风险,监视残余风险以及识别新风险,达到保证创业活动正常运作、降低风险的目的。

5.风险报告

对于创业企业如何处理风险,达到何种效果,是否达到预期的目标,还要利益相关方提供必要的书面报告。

(六)创业风险的防范

针对不同的风险采用不同的风险防范方法,主要包括创业企业技术风险的防范、市场风险的防范、财务风险的防范和合同风险的防范等。

1.技术风险的防范

技术风险的防范，保险是采用的方式之一。创业企业通过向保险公司投保的方式，向保险公司交纳一定的保险金，如果技术方面引起的损失可以向保险公司要求赔偿。

转移风险方式，创业企业通过技术转让、技术交易等方式，向其他主体转移风险。

创业企业通过多元化经营、使风险在不同的经营单元当中得到分散。“不要把鸡蛋放在一个篮子”，使风险得到分散，还可以先投入少量资金进行生产实验，达到预期的目标再决定大规模生产。

2.市场风险的防范

创业企业经营的产品必须是受市场欢迎的产品和营销理念，不一定是最先进的技术。创业企业经营产品或服务必须进行市场细分、市场定位和产品或服务的生命周期分析，经营理念必须以市场为导向。

同时，创业企业应加强产品的市场推广、产品的售后管理，强化产品售后的服务意识，引入懂产品技术和市场的人才充实营销团队，并对营销团队进行科学考核和有效激励。

3.财务风险的防范

对于创业企业来说，资金有限，应选择性价比较高的项目，项目的好坏决定创业活动能否成功。在选择好项目后要优化资金的配置，降低财务风险。创业企业相关人员可以通过学习，提高防范财务风险的能力，加强风险管理。

4.合同风险的防范

合同风险是创业者所面临的常见风险。为了更好地规避这类风险，创业者要严格审查合同主体资格，包括营业执照、固定的经营场所、合法的经营范围等；从合同当事方的素质、资金、融资等情况全方面了解、判断对方的清偿能力，同时全方位了解合同的条款。

此外，涉及外贸的企业还要防范汇率风险，慎重选择计价货币等方法规避汇率风险。

四、企业文化的塑造

在全球化背景下的今天，随着科技进步，文化竞争也是企业成功的关键，企业文化是无形的“基础设施”，能有效地帮助企业走向成功。

（一）企业文化的内涵

企业文化指企业全体员工在长期的生产经营活动中培育、形成、共同遵循的最高目标、价值标准、基本信念、行为规范和准则的总和。一方面，企业文化是改变员工不适应本企业的价值观念，培育他们的认同感和归属感，建立起员工与组织之间的关系，将员工的行为、思想、信念和习惯与整个企业有机地融合在一起，形成一种合力和趋势，充分发挥员工的主观能动性，以期达到企业的目标。另一方面，如果企业形成良性企业文化，就能持续推动企业的发展。大量学术研究表明：良性企业文化的形成对企业目标的实现有极大的推动作用，也能提高员工工作的积极性、企业决策的执行力。

（二）企业和创业者与企业文化之间的关系

不仅企业的发展与企业文化有正向的相关性，而且创业者也对企业文化的制订有举足轻重的作用。华为总裁任正非创建了生生不息的华为文化，以企业文化为先导来经营企业，是任正非的基本理念。任正非认为资源是有限的，唯有文化才能生生不息。

在企业的形成时期，创业者的价值观、人格特质、经营哲学、领导方式都对企业文化的构建产生重要的影响。不同创业者的语言行为表现、对待下属的态度、经营思路思维模式、处理各种事务的方式、文化主张会对企业文化产生不同的影响。松下电器创办者松下幸之助，著有《以人为本》，从这本书中我们可以看到他的个人理念，即注重顾客利益，向顾客提供性价比高的产品。他的理念融入了企业文化的理念之中，形成了企业文化的精神。

(三)企业文化塑造的内容

企业文化建设是树立企业形象，增加员工的向心力、自豪感、使命感的重要方式。企业文化建设对企业经营战略起促进作用。

1.创业企业的形象建设

创业企业的形象塑造是指创业企业在其价值观的引导下，为适应社会公众和消费者需要，按照一定标准和要求，综合运用创意、企业标志、广告宣传、商标和公共关系等手段，把企业的经营理念和产品服务特色，通过企业的行为和媒介传播表现出来，使社会公众和消费者对企业产生良好的认同感，对企业形成一定的整体看法和印象。美国帕杜农场是一家提供各种农副产品的大型企业，农场主法兰克把塑造和维护良好的形象当作争取顾客的基本公关策略。他在经营中的着眼点始终是为顾客提供优质的产品和良好的服务。随着经济的发展，特别是一个富足的国家，顾客对产品价格已经不是唯一的关注点，还非常重视企业的形象。

创业企业形象塑造归纳为形象主体、形象客体、形象延伸三个部分，对这三个部分进行建设就是企业形象塑造的全部。

①形象主体是创业企业的塑造者，即企业领导和企业员工。企业领导和企业员工的仪表、气质、工作方法、沟通能力等都代表着一个企业的形象。

②形象客体是创业企业经过自己生产、经营、管理等活动、创造出来产品或者服务。这些产品或服务是顾客对企业形象评价最重要的内容，是最直接、最具体的反应。

③形象延伸是指形象在时间和空间中的扩散表现，它既涉及主客体形象塑造的过程，也涉及主客体形象塑造的媒体，还涉及主客体形象设计的环境因素。形象延伸包括竞争形象塑造、信誉形象塑造和环境形象塑造三种类型。

2.创业企业的精神形象建设

(1)创业企业精神形象的内涵

创业企业精神形象是指作为观念形态的企业精神、经营理念、道德规范、经营宗旨和企业价值观等在社会公众和消费者心目中的一种客观性反应以及所形成的社会综合性评价。

企业精神形象是企业形象的核心，是对企业经营活动的指导和引领。如果没有企业精神形象，企业员工人心涣散，不能做到知行合一，就会破坏企业的形象。在知识经济条件下，企业精神形象的塑造应在坚持独特性、时代性、民族性和科学性的原则的基础上，加入服务社会、以人为本、不断创新、讲究信誉、明确使命、服务先导等富有时代特色的企业价值观。

企业的精神文化用以指导企业开展生产经营活动的各种行为规范、群体意识和价值观念，是以企业精神为核心的价值体系。

(2)创业企业精神形象的内容

创业企业精神形象的内容主要有企业的价值观和企业精神两方面。

①企业的价值观是企业在取得预期目标过程中所坚守的基本信念以及企业领导和员工的价值取向。企业价值观在企业中扮演着重要的角色，即为企业的生存和发展提供方向，为企业员工形成共同的理念和行为奠定基石。

②企业精神指企业基于自身的性质、任务、宗旨、时代要求和发展方向，经过精心培育形成的企业成员共同的精神风貌。比如，厂歌、厂训、厂规等。企业精神是企业文化的重要组成部分，占支配地位。

企业精神包括三个方面内容：一是企业所有成员对本企业的状况、行业中的作用、形象的认同；二是结合时代赋予的精神，企业在经营过程中形成的共同远景和行动准则；三是员工对企业未来的认同。

3.创业企业的物质形象建设

创业企业的物质形象是指企业的各种代表企业形象的物质形态等在社会公众心目中的一种客观性反应以及所形成的社会综合性评价。比如建筑物、设备配置、产品包装、企业标志。

企业物质文化是社会公众评判企业实力、技术能力、文化魅力、经营风险和企业商誉的最好表征，从某种意义上来说，企业物质形象是企业竞争力高低的外在证明。

在企业物质形象塑造的过程中，企业的物质文化是企业投入时间最长、投入最多、收回成本最慢的，因此企业在投入前必须精心谋划，精益求精，使其符合实用美观，又能反映企业的特征，才能给社会公众以及消费者留下较好的印象。

此外，除了创业企业形象、精神文化形象和物质文化形象外，还有企业制度文化形象等也是企业文化的重要组成部分。

思考题

1.企业的组织形式有哪些？

2.开办企业的流程是什么？

3.企业的生命周期有哪些？

4.不同生命周期的企业如何经营管理？

5.企业文化的内容有哪些？

项目七

创新与创业企业商业模式

知识目标

1. 了解商业模式的概念、本质要素、相关理论。

2. 了解商业模式的设计步骤、评价指标。

技能目标

1.掌握商业模式的内涵及对企业发展的作用。

2.掌握商业模式画布理论。

3.掌握设计、检验和完善商业模式的方法。

学习重点

1.商业模式表现形式的多样性和动态性。

2.商业模式要素识别和商业模式画布工具的应用。

3.商业模式设计、评价和完善的方法。

学习难点

1.如何识别商业模式的差异和对商业模式进行创新。

2.如何识别商业模式的核心要素和有效利用商业模式画布工具。

3.如何完善商业模式,并提高其实效性。

任务一

认识创新与创业企业商业模式

案例导入

优衣库是日本迅销公司的品牌,采用的核心理念是"廉价优质的基本款",从服装的开发、设计、生产到销售全部采用自营的方式和超市型自助购物的方式,以"合理可信的价格、大量持续的供应","生产和销售适合所有人穿着的衣服"的理念深受消费者喜爱。

优衣库起家于路边店,20 世纪 90 年代后期开始在市中心开店,以销售廉价抓绒衫一举成名,商业模式效仿英美的 SPA 模式。优衣库在日本取得成功后,迅速向海外扩展,特别是中国和东南亚市场。目前,优衣库的海外市场已经占到公司收入一半以上,成为全球最大的服装企业之一。

一、创新与创业企业商业模式的定义

尽管一些消费者对共享单车有很多诟病,比如 GPS 定位不准确、质量重以及实心胎等,但是共享单车提供的并不仅仅是一种新的单车产品,而是一整套从借单车到骑行到停放单车的新的商业模式。正如时代华纳前 CEO 迈克尔・邓恩所说:"在经营企业过程当中,商业模式比高技术更重要。"因此商业模式是管理学研究的重要对象之一。

通常所说的商业模式是指为实现客户价值最大化,能使企业运行内外各要素整合起来,形成一个完整高效率的具有独特核心竞争力的运行系统,并通过最优实现形式满足客户需求,实现客户价值,同时使系统达成持续盈利目标的整体解决方案。清华大学教授雷家骕把商业模式定义为一个企业如何利用自身资源,在一个特定的包含了物流、信息流和资金流的商业流程中,将最终产品和服务提供给客户,并收回投资、获取利润的解决方案。

商业模式的概念比较广泛,企业与企业、企业与渠道、企业与客户的交易关系或者连接方式都可以称为商业模式,具体表现形式为运营模式、盈利模式、B2B 模式、B2C 模式、广告收益模式等。不言而喻,企业必须选择一个适合自己的、有效的和成功的商业模式,并且随着客观情况的变化不断加以调整和创新,才能获得持续盈利的能力,从而保证企业长期的发展。不可否认,成功的商业模式对企业来说具有"点石成金"的功能。

脑白金是无锡健特药业有限公司生产的保健品,自 1997 年上市以来,已在中国畅销二十余年,其脍炙人口的广告语"今年过节不收礼,收礼只收脑白金"家喻户晓。从该公司产业价值链定位来看，集团紧紧抓住企业价值链上“营”与“销”的环节，通过颠覆式的“营”定义新的产品或服务，通过“地毯式”与“侧翼进攻”的“销”加强对市场后端的控制力。对于该产品盈利模式而言，尽管在表面上“脑白金”用的是传统盈利模式，但实质上是通过营销创新形成的产品服务新概念来实现营收。对于该产品创新性而言，紧紧围绕消费者的消费习惯、消费决策处境、消费心理、消费心态等实际需求，用全新的“营”与“销”的方式将实际品质不高的产品或服务赋予全新的概念，并以较短的销售渠道、较宽的销售网络从侧翼迅速介入市场。

二、创新与创业企业商业模式的本质

一系列制度结构和制度安排的连续体组成了商业模式，其核心是企业组织的价值产生机制。制度结构和制度安排的连续体就意味商业模式的创新和发展，直指企业组织的价值产生机制。价值产生是企业存在的根本和发展的必要条件，也是企业经营的核心要义。价值创造的来源有三个，即组织自身价值链、技术变革和价值网络。

从组织自身价值链层面来看，商业模式从制度层面决定业务流程的方向，业务流程与组织自身的信息系统密切相关，两者适应与否决定了价值预期的实现。商业模式是技术变革与价值创造之间转换的机制，成本-收益结构是技术开发成本能够获取价值的重要指标。随着人工智能时代到来，组织边界越来越大，促使更大范围内的交易和协作，价值网络的增值可能性大大增加。

商业模式也不是一劳永逸，随着时间和空间的变化，商业模式也会变化。今天的商业模式对于明天来说也许并不适应，甚至还可能阻碍组织的发展。商业模式属于制度结构，制度安排具有动态性。为了使组织获得持续发展，获得核心竞争优势，商业模式应保持灵活性，才能有旺盛的生命力。

可口可乐是“美国梦”的代表，我国很多企业也希望在市场上能打败可口可乐，在可乐这个行业中占有一席之地。过去十几年，我国涌现了许多可乐企业，比如非常可乐、纷煌可乐、天府可乐等。经过竞争，这些企业基本上退出了历史舞台。然而在可口可乐的本土——美国，有一家以色列公司 Soda Stream 却让可口可乐很尴尬。这家公司弄来一台机器，旁边有个水瓶，还有苏打粉。当需要做汽水的时候，按一下按钮，苏打粉就会和水发生化学反应变成汽水。每个人喝汽水的口味都不一样，有的喜欢柠檬味，有的喜欢草莓味。这台机器里还有浓缩液，能够根据客户的需求进行个性化定制，调成不同的味道。这家公司做得很成功，后来在美国纳斯达克上市了。

这家以色列企业一上市就抢了可口可乐不少份额，引起了可口可乐的注意。后来这家企业还做了一则广告，在一面墙上放了许多瓶瓶罐罐，而在另一面则放着一台自己的机器。可口可乐开始研究这家企业的广告，试图找到突破口，企图打败这家以色列企业。通过努力，可口可乐营销部门最终发现，广告上把可口可乐的商标露了出来，这就构成了侵权，属于不正当竞争。于是可口可乐起诉了这家企业，结果这家企业的股票竟然大涨。

最终可口可乐只好放弃起诉，改成收购，然而这家企业并不接受收购。可口可乐欲收购这家企业的消息一经传出，企业更受到消费者的追捧，股票又大涨。

从以上的案例不难发现：①可口可乐公司面对所有竞争对手，不能只具有一种商业模式，商业模式要根据竞争对手和环境而改变，即商业模式要具有动态性；②我国有很多饮料企业都做得很好，占领了市场，赢得了消费者的好评，但是可乐就是没有做起来，很大部分原因在于中国的可乐企业跟美国的可口可乐竞争时，采用的都是一样的商业模式；③以色列公司 Soda Stream 用的是与可口可乐不一样的商业模式。当商业模式不一样时意味着接触到的利益相关方都与可口可乐不同。利益相关方不一致时，就可以消减可口可乐的竞争优势；④这家以色列企业的商业模式非常具有创新性，但是放眼整个商业模式，这种技术在咖啡行业比比皆是。竞争对手不一定来自同行，实际上有可能是跨界的竞争对手。这也印证了网上一句流行语“杀死康师傅的不是统一，而是美团和饿了吧”。

任务二 创新与创业企业商业模式的要素

案例导入

华为技术有限公司是一家生产销售通信设备的民营通信科技公司，于 1987 年正式注册成立，总部位于中国广东省深圳市龙岗区坂田华为基地。华为从产业价值链定位来看，以客户需求为导向，定位为通信设备领域的系统集成服务商和量产型公司，为客户提供有竞争力的终端通信解决方案，并围绕通信设备领域的整个产品生命周期形成完整的产品线。盈利模式主要是依靠整个通信产品的整个产品生命周期盈利。创新性主要是凭借通信设备领域整个产品生命周期上完整的产品线的营业收入，以牺牲暂时的亏损为代价将投入市场的新产品按两三年后量产的模型定价，利用企业规模效益、低耗与高效的供应链管理、非核心环节外包和流程优化等方法挖掘出的成本优势挤垮或有效扼制国内竞争对手，并利用研发低成本优势快速抢夺国际市场份额，打压在成本上处于劣势的竞争对手，形成竞争优势。

一、商业模式的要素

根据加里·哈默尔的观点，商业模式主要包括核心战略、战略资源、伙伴网络和顾客关系四个方面。

（一）核心战略

核心战略是对企业各种战略的统称，其中既包括竞争战略，也包括营销战略、发展战略、品牌战略、融资战略、技术开发战略、人才开发战略、资源开发战略等。企业核心战略从企业使命、产品、细分市场、产品差异化等方面描述了企业如何与竞争对手竞争。

企业使命是指企业由社会责任、义务所承担或由自身发展所规定的任务。企业使命是企业形象的一个颇为直接的描述。企业使命描述了企业为什么存在和商业模式实现的目标。华为企业的使命聚焦客户、关注挑战和压力，提供有竞争力的通信解决方案和服务，持续为客户创造最大价值；星巴克公司的使命是把星巴克建成为世界一流的高品质咖啡店；联想公司的企业使命是为客户利益而努力创新，创造世界最优秀、最具有创新性的产品，像对待技术一样致力于成本创新，让更多的企业获得技术优势；戴尔公司的使命是成为世界上最成功的电脑公司，在所服务的市场上传递最佳的顾客体验。通过成功的企业使命的展示，可以非常容易看出，企业在经营中的意图凸显了企业必须优先考虑的事情。

企业产品范围界定了企业必须集中经营的产品。商业模式选择必须考虑产品的特点。当当网起初是作为网上书店而创建的，不过当当网现在也开始销售小家用电器、服装、手机等。当当网的商业模式不仅限于书，还涉及出版商之外的供应商的交易。

企业所选择的市场也对企业的商业模式有重要的影响。虽然生产同类型的产品的企业，但是他们的目标顾客群却是不一样的。尽管都是华为企业生产的手机，但 Mate 系列走国际化路线，在很多国外媒体上经常出现的国产品牌中，华为手机 Mate 系统的出境率最高。从配置来看，Mate 系列基本上是顶级旗舰产品，所以在定价上也是华为手机中最贵的，商务气息较重，面向成功商务人士；华为手机 P 系统配置也不低，在可选颜色和配置的选择上都有数量优势，其定位显然是面向年轻消费者的高端产品。对华为手机上述两个系列而言，它们的目标顾客群选择不一样会对各自系列的商业模式有影响。

此外，企业的战略差异也会影响商业模式。例如家乐福超市在很多大城市的核心区域都有门店，销售量很大，这类型的企业专注于成本领先和效率优先。然而华为手机有多个系列，专注于自己的产品和服务，这类型的企业实行差异化战略，追求产品和服务的与众不同，追求消费者忠诚程度，同时价格也较高。

（二）战略资源

资源对于企业的生存和发展至关重要，更会影响企业战略的实施。资源的多寡以及优劣会影响其商业模式的延续性和生命力。一般来说，企业的战略资源分为企业核心竞争力和战略资产两类。

企业核心竞争力是企业在市场中保持或提高占有率，获取利润的重要保障，是超越其他竞争对手的重要凭借，是竞争者难以模仿和超越的。例如，微软操作系统和格力空调等。核心竞争力，无论是短期还是长期对企业来说都非常重要，有一些企业在短期保持核心竞争力占有市场，获得利润，但是不重视长期核心竞争力的培育，最终导致利润减少，甚至退出市场。例如，波导手机在手机市场兴起时，市场占有率较高，但是不重视长期核心竞争力的培育，最终消失在消费者的视野里。然而，极个别企业不仅重视长期核心竞争力的形成，还非常重视在互补性市场上获取利润空间。例如，戴尔公司不仅在装配和销售个人计算机方面具有核心竞争力，同时转向计算机服务和其他电子设备市场；华为企业重视通信设备的研发和生产，同时转向手机、笔记本电脑的研发和生产，并取得了成功。

战略资产指企业拥有的设备、品牌、专利、商标以及高素质员工。从战略资产的界定来看，不仅包括固定资产，还包括无形资产。有价值的战略资产能形成企业的品牌，提升企业的形象，获得客户的认同。例如，格力空调建立的品牌形象，其他空调很难模仿和超越，特别是格力空调董事长董明珠树立起的女强人形象。战略资产和核心竞争力有效地融合，能大大提高企业活力。

（三）伙伴网络

大多数时候，一家企业不可能具备企业生存和发展所需要的全部资源，因此其他企业就成了合作伙伴。尽管有的企业有实力得到企业所需要的全部资源，但是基于利润最大化原则，也不愿意下功夫得到全部资源。基于上述两方面，选择合伙伙伴，形成伙伴网络是大多数企业的选择。例如，淘宝完全可以成立自己的物流公司运输快递，但是淘宝却选择像圆通、申通和韵达等物流公司运输包裹。企业的合作伙伴的范围众多，不仅包括配套提供商，还包括供应商等。

（四）顾客关系

顾客关系是企业在经营过程中形成与顾客相互影响的状态。企业经营的媒介影响着顾客关系。例如，京东在网上销售产品，商场在实体店销售产品。对新成立的公司来说，经营的产品和服务如何传递到消费者手中，对于企业能否成功至关重要。目标市场特征、销售实现和支持、定价模式是影响顾客关系最显著的三个因素。

1.目标市场特征

企业是否充分了解和利用目标市场特征决定了企业经营是否顺利。企业充分了解了目标市场特征才能更好地培育与顾客的关系以及开展产品和服务的推广活动，提高竞争力，提高市场占有率，从而使企业受益。

2.销售实现和支持

销售实现和支持界定了企业产品或者服务如何展现在顾客面前，即企业经营的产品或服务“进入市场”的渠道，而“进入市场”的渠道又影响着商业模式的选择。

例如生产方便面的企业开发出一项新技术，可以节约生产时间，提高生产效率。为了推广此项技术，方便面生产企业可以将技术卖给其他方便面生产企业，获取转卖技术费用；该企业也可以将自己开发的技术运用到自己的企业中，获取利益；该企业还可以选择与另外一家方便面生产企业合作，通过合作关系推广该项技术。可见，销售实现和支持的选择影响着创新与创业企业商业模式的选择。

3.定价模式

根据企业目标的差异，企业定价模式的选择也有所不同。例如，神州租车是根据使用天数收费,而一般城市出租车是根据客户坐车的公里数收取费用;有的律师事务所是根据服务的次数收取客户费用,而有的律师事务所是根据服务的时间(一般是一年)收取客户费用。可见,创新与创业企业要结合自己的经营状况,依托自身的核心战略及资源优势来建构属于自己的商业模式。只有这样的商业模式才有效,才能发挥最大的效益。

(五)商业模式的价值逻辑

成功的商业模式离不开适销对路的产品或服务、有利的内外部环境、价值网络关系等一系列资源整合的过程。在这个过程中要经历价值发现、价值主张、价值创造、价值管理、价值配置和价值实现六个环节。

1.价值发现

企业基于自己的战略和目标,对创业环境进行分析,整合资源创造适合市场价值的过程,即价值发现。价值发现的首要因素是在细分市场的基础上发现目标市场,进而深入分析自己企业的内外部环境,判定是否能满足目标市场的需求,同时分析市场容量与评判利润空间。这个寻找和思考的过程围绕思维创新、合作共赢、资源整合等一系列的核心要素。企业基于利润最大化原则,追求无限利润空间,必须时刻寻找市场需求,同时整合自身资源和调整商业模式,以期达到企业的目标。

马云说过:“必须先去了解市场和客户需求,然后再去找相关的技术解决方案,这样成功的可能性才会更大。”成功的商业模式不仅考虑能给企业带来什么,更重要的是针对客户的不同需求,企业能提供差异化的产品和服务,能给客户带来效用。可见,商业模式的成功与否关键在于客户的价值是否得到满足,因为客户价值的满足才能决定利润来源和企业生命的长短。

2.价值主张

企业通过价值发现后,要整合资源就要考虑产品和服务如何向消费者提供价值,即价值主张。一个好的价值主张不仅能够促使企业发展,同时也能实现消费者效用最大化。价值主张要清晰表达企业想传递的价值,价值主张不能花哨,必须清楚完整,不能使消费者产生犹豫。价值主张的前提是要准确地了解目标市场的消费者的特征,才能对消费者的偏好有所掌握,从而吸引消费者眼球,提高消费者购买欲望。

3.价值创造

价值创造是指价值如何被创造出来,即价值的源泉是什么。价值的来源呈现多样性,产品和服务的研究和制造是企业价值创造的核心。商业模式是企业创新的关键,涉及企业本身、供应商、合作伙伴和客户,其中客户无论对于产品开发还是服务提供都是价值创造的重要来源。成功的商业模式具有节约成本、维护顾客忠诚度、新颖性和创造性等特征。例如,京东出售的产品在于能保证是正品,更重要的是京东能提供快捷的物流服务,能将产品迅速送达顾客手中;二维码付款业务是重新安排了支付方式,顾客付款更不受时间和地点的限制。

4.价值管理

价值管理属于管理模式，具有价值管理的指导原则，是一种以促进组织形成、注重内外部业绩和价值创造激励的战略性业绩计量过程。价值管理能够帮助企业践行公司的战略，传承企业的文化。企业通过整合内外部资源、团队激励，促使企业和员工目标的完成，从而树立共同的理想，使员工和消费者都满意，激发企业的生命力。

5.价值配置

价值配置关系价值链的各个环节，涉及企业的整个运营流程。价值网络各种资源的有效利用是价值配置是否成功的关键。价值网络各种资源最佳利用，能促进价值网络提高效率，实现产出最大化。价值配置的需求方不仅是企业的股东，还有企业利益的相关者，只有价值配置成功才能完成合作共享共赢的目标，从而建立适应利益相关者的价值网络体系。

6.价值实现

价值实现是商业模式价值逻辑的最后一个环节。价值实现指企业生产或者提供的商品和服务消费者都能接受，实现产品到货币的跳跃。随着市场由卖方市场到买方市场，出现了众多生产同质或同类型的产品的生产者，这就注定薄利时代的到来。企业必须依靠不容易复制的价值主张占领市场，提高利润率，方能得到持续的发展。

综上所述，成功的企业关键在于商业模式能够盈利。盈利的商业模式是从市场、资源、产品和服务等价值主张开始，是企业产品和服务与价值网络关系等一系列资源整合和价值匹配的过程，即价值主张到价值实现的过程，如表 7-1 所示。

表 7-1 盈利的商业模式

<table>
<tr><td colspan="5">市场需求：市场机会、客户需求、产品定位……</td><td rowspan="7">价值实现：
盈利模式
营销策略
价值确定</td></tr>
<tr><td colspan="5">愿景需求：行业定位、经营理念、发展战略……</td></tr>
<tr><td colspan="5">核心需求：技术骨干、产品或者服务、资本运作……</td></tr>
<tr><td colspan="5">资源需求：关注客户、双盈理念、创新思维……</td></tr>
<tr><td colspan="5">价值流分析：5W2H、商业风险、价值要素……</td></tr>
<tr><td>价值发现</td><td>价值主张</td><td>价值创造</td><td>价值配置</td><td>价值管理</td></tr>
<tr><td>客户需求
市场容量</td><td>服务客户
客户偏好</td><td>产品或服务
研究或制造</td><td>网络构建
资源整合</td><td>管理激励
价值优化</td></tr>
</table>

二、商业模式理论

（一）商业模式画布图

商业模式画布图（Business Model Canvas）是指一种能帮助创业者建构创意、降低不确定性，确保他们找对了目标用户和合理解决问题的工具。商业模式画布图不仅能够提供灵活多变的创意，而且更容易满足用户的需求，更重要的是将商业模式中的元素标准

化,并强调元素间的相互联系和作用。可将商业模式画布图特点归纳如下:

1.完整性

尽管商业模式画布图内容不多,但是可以确认商业模式的各个方面,能让商业模式的设计者充分掌握商业模式的优势和劣势。

2.一致性

通过商业模式画布图可以判断商业模式的一致性,比如,设计合作伙伴的假设与设计渠道假设是否一致?

3.清晰性

商业模式画布可以清楚地看到企业各业务部门在做什么、为什么这样做,看清楚不同岗位的职能,能清楚表明不同岗位的职能应匹配什么样的人才。

(二)商业模式九宫格

商业模式画布图由九个方格组成,每一个方格都代表着无数种可能性和替代方案,企业要根据画布图找到最佳商业模式。

1.客户细分

通过市场细分找出企业目标顾客群,用来界定一个企业想要提供产品或服务的不同人群或者机构。企业要思考企业正在给客户群提供什么样的产品或服务?

2.价值定位

价值定位,即企业所提供的产品或服务。用来描绘为特定目标客户创造价值的系列产品或服务,即企业为客户提供价值是什么?企业是否满足客户的需求?企业为谁创造价值?企业最重要的消费者是谁?

3.用户获取产品或服务的渠道

这涉及企业分销路径,用来定义企业是如何沟通接触其目标客户而传递其价值主张。企业必须思考消费者可以何种渠道接触到企业提供的产品或服务?企业如何接触到消费者?企业如何整合渠道?哪些渠道最有效?哪些渠道性价比最高?企业如何把渠道与客户的消费习惯进行深度融合?

4.客户关系

企业意愿同目标客户群建立的关系以及这种关系类型。企业要思考目标客户群希望与企业建立和保持何种关系?哪些类型关系已经建立?哪些关系类型还没有建立?这种关系的成本如何?

5.收益流

收益流是企业从每个客户群体的收入减去成本的现金收入。企业创造什么样的价值能让消费者愿意付费?顾客现在付费购买什么样的产品或服务?他们如何支付费用?消费者为何愿意支付费用?每个收入来源占总收入的百分比?

6.核心资源

核心资源是企业界定商业模式有效运转所必需的重要元素。比如,资金、人才和技术等。企业价值的实现需要哪些核心资源？渠道的畅通需要哪些核心资源？企业与客户的关系如何？企业的收入来源于何处？

7.关键业务

关键业务是指用来界定为了确保企业设计的商业模式可行，企业必须为之行动的事情。比如，市场推广和软件编程等。企业要思考企业的价值实现需要哪些关键业务、企业畅通渠道需要哪些关键业务？

8.重要合伙人

重要合伙人是指企业期望商业模式有效运作所需要的合作伙伴网络。企业要思考谁是企业的重要伙伴？谁是企业重要的供应商？企业正在从合作伙伴处获取哪些核心资源？合作伙伴能执行哪些关键业务？

9.成本结构

设计商业模式时企业付出的代价。在这些成本中，固定成本又有多少？哪些关键业务花费最多？

常见的商业模式九宫格如表 7-2 所示。

表 7-2　常见的商业模式九宫格

<table>
<tr><td rowspan="2">重要合伙人</td><td>关键业务</td><td rowspan="2">价值定位</td><td>客户关系</td><td rowspan="2">客户细分</td></tr>
<tr><td>核心资源</td><td>用户获取产品或服务的渠道</td></tr>
<tr><td colspan="3">成本结构</td><td colspan="2">收益流</td></tr>
</table>

案例

顺丰速运的商业画布

顺丰速运于 1993 年 3 月 26 日在广东顺德成立，是一家主要经营国际、国内快递业务的港资快递公司。公司创始人为王卫。顺丰创业初期主要针对珠三角的工厂和香港之间的速递业务。1996 年，随着内地经济的发展，顺丰才开始开拓内地的快递业务。在这几年，内地的快递公司如雨后春笋般地出现，申通、圆通、中通等快递公司纷纷成立，开始抢占快递市场。在 2000 年左右，顺丰改变业务经营方式，实施了一个重大的举措，即把顺丰各个加盟店逐步收拢，改为直营。物流行业早期的扩张靠的是加盟，但是加盟店往往会导致服务质量不一，无法很好地保证沟通，丢件的事件时有发生。为了提高工作效率和工作的规范性，王卫下了相当大的功夫，把国内的顺丰网点改成直营。这一举措，为顺丰后来的发展奠定了坚实的基础。经过几年的努力，顺丰控股在深交所举行重组更名暨上市仪式，正式登陆 A 股。

依托商业画布理论，顺丰的商业模式如下：

①重要合伙人。顺丰控股最重要的合伙人是便利店、3C 电子行业、医疗行业、生鲜

行业和快消行业等。

②关键业务。小件快递和服务流程。

③核心资源。人力、信息和组织。

④价值主张。不断提升送货速度,推出新的服务项目,为客户提供快速安全的流通渠道。

⑤客户关系。快速、安全、准确地传递客户的信任。

⑥服务渠道。自建服务网络、微信导入、网页和24小时便利店。

⑦客户细分。大客户(大企业)、中等客户(白领)、中高端小客户(金领、国外快递客户)。

⑧成本结构。工资成本、运输和配送成本、仓储和库存成本。

⑨收益流。寄件费用。

任务三 创新与创业企业商业模式设计与完善

案例导入

实惠APP——团购不彻底,直接免费

企业介绍:电子商务越来越重要的今天,B2B商务平台已走进了外贸商家的视野,众多的商务平台竞相出现,实惠网就是在这个大环境下产生的,但绝不是盲目的跟风,它有自己的优势,借由这种优势受到广大客户的欢迎。该网站创建于2010年,是由专业的SEO团队第一页网络科技有限公司历时半年精心打造出来的,专门为中国的消费品卖家,特别是外贸商家提供安全便捷的电子商务服务。同时,"实惠APP"是一款基于移动端,主打社区的生活服务类APP。用户通过入驻实惠APP上自己工作的写字楼或居住的社区,可以领取实惠网或商家提供的优惠礼品,享用身边的生活服务和便利商品,同时进行邻里间的社交,让用户生活更加便捷、实惠。

实惠商业模式最大的创新之处是做免费的团购——颠覆团购低价模式,直接0元团购。通过平台将商家提供的免费福利,派发给参与中奖的用户。该网站以城市的上班族为主要目标客户群,可以在写字楼或者社区的位置信息中录入其位置附近的商家名称和商品的福利活动,并通过附近福利、免费抢福利、幸运老虎机和品牌大乐透等趣味方式推送给用户,使用户既能得到实惠,还能得到良好的游戏体验。

一、商业模式设计五个步骤

(一)寻找利润源——顾客

利润源是指企业利润出处,一般而言是指购买企业的产品和服务的顾客。利润源的清晰界定,表明了谁是企业价值的来源。顾客的数量往往决定利润源的大小,一定规模的顾客数量形成顾客群。对于顾客群必须注意三个方面:一是要有清晰的范围,没有清晰范围的顾客群是不稳定的,会影响企业的利润源;二是有足够数量,没有足够数量的顾客群,企业的利润空间必然有所限制;三是企业要对顾客群的偏好有清晰的了解和掌握。一般来说,顾客群可以分为主要顾客群、辅助顾客群和潜在顾客群。

完善的商业模式首当其冲的是分析顾客有效需求,旨在为企业所创造的产品和服务寻找能够实现价值的对象。企业盈利空间不仅取决于产品和服务的本身,还取决于有效的需求,甚至有的企业虽产品和服务质量不完美,但是,如果能寻找到有效的需求,也能产生巨大的企业价值。

(二)寻找利润点——产品或服务

利润点是指企业通过出售产品或服务给目标顾客从而获取利润。利润点能表明企业收入结构以及顾客创造的价值是什么。成功的利润点应达到两个最大化:一是顾客效用最大化;二是企业利润最大化。要做到两个最大化基于三点:一是对目标顾客偏好清楚的了解;二是要为目标顾客创造价值;三是要为企业创造价值。有的企业不能实现顾客效用最大化,而又有些企业不能实现自身利润最大化,两者都是失败的利润点,不可能产生持续竞争力。

(三)打造利润杠杆,构建企业内部运作价值链

利润杠杆和企业内部价值链影响企业产品服务是否为企业带来利润以及利润的多寡。可见,利润杠杆和企业内部运作价值链是商业模式设计的重要组成部分。

企业利润杠杆主要包括组织与机制杠杆、技术与准备杠杆、生产运作杠杆、资本运作杠杆、供应与物流杠杆、信息杠杆以及人力资源杠杆等。这些企业利润杠杆的组成部分可以清楚表现企业内部运作的相关信息,即成本、结构以及利润目标等信息。生产同种类型产品的企业,利润杠杆不同,导致企业成本与收益的差异,有的企业可以实现较大的利润空间,而有的企业则利润空间较小,甚至亏损。

企业内部价值链是打造利润杠杆的重要手段,然而很多公司价值链太长,且过于复杂,企业很难在所有的价值链环节实现盈利,这时企业需要考虑是否要把不具备竞争力的价值链环节外包给其他企业,甚至关闭相应的环节,提高企业价值链的活力。

(四)畅通和拓宽利润通道,筑牢商业模式外部运作价值链

利润通道是指企业向顾客群提供产品或服务传递信息的过程。畅通和拓宽利润通道目的是便于目标客户群方便了解并且购买产品或服务,是企业把产品或服务传递目标

客户的活动。可见,利润通道畅通和拓宽是商业模式发挥功能必不可少的外部价值链。

(五)构建扎实有效的利润门槛

利润门槛是指企业为防止竞争者夺取其目标客户群,以确保利润不外流而采取的战略和手段。比较有效的利润门槛主要表现为良好的客户关系、品牌、专利、著作权等,即建立行业标准、领导地位和竞争力强的价值链环节等。利润门槛就是保护企业利润,而利润杠杆是夺取其他企业的利润。

企业面对的是一个风险高、竞争激烈的市场,特别是初创企业。因此没有商业模式能确保永久盈利。为了企业的"长治久安",在设计商业模式时要具备弹性,需要随时间和环境而改变,保证企业在执行时具有可调整性,从而确保企业发展的可持续性。

二、商业模式的完善

在分析评估商业模式时,可以从以下几个方面进行考虑:

(一)客户购买其他同质产品或服务的成本

顾客从一个产品或服务转移到另一个产品或服务所需要时间、金钱是设计商业模式要完善的内容。如果这项成本偏高,顾客便不会选择其他企业生产的同质产品或服务。人们把这项目成本称为替代成本。

将替代成本融入商业模式中有很多成功的案例。例如很多公司生产的打印机,售价非常便宜,但是打印机所用的墨消耗较快,而打印机所用的墨售价较高,且一款打印机适应相对应的墨。这时客户只能在购买打印机的公司购买相应的墨。这种方式会让用户一旦用了这款打印机就很难再用其他竞争对手生产的打印机。仅仅利用打印机所用的墨,就为打印机生产公司的市场奠定了坚实基础。

(二)商业模式扩展性空间的大小

商业模式的扩展性是指在没有增加企业成本的前提下,仍很容易地拓展商业模式,获取利润。互联网商业模式的扩展性一般优于传统商业模式。

(三)产生可循环经济的价值

循环经济有一定优势:一方面多次销售,而成本只需付一次;另一方面有更大的空间来构想未来的企业战略。循环经济还可以增加企业的持续获利能力。例如,打印机销售成功后,顾客还要持续购买墨盒;手机销售成功后,企业还可以利用手机中 APP 会员来获取利润。

(四)投入之前就有机会获利

很多商业模式在投入前就有机会获利,这也是初创企业乐见其成的事情。例如,戴尔公司依托其装配技术,在收到客户订单后,迅速装配电脑发到客户手中,企业成功地避免了传统制造行业产品积压的弊病,表明企业在投入之前就有获利的能力。

（五）企业与顾客互动

在设计商业模式时，企业如果能与顾客互动，顾客能根据自己意愿设计产品，那么，这样的商业模式是非常完美的。例如，很多电子商务网店让顾客提供设计图案印在衣服上面；宜家就让顾客自己组装家具；QQ 可以让用户自己上传头像和空间图片，腾讯公司只提供一个平台。可见，很多与顾客互动的公司的商业模式都非常成功。

（六）商业模式的高门槛

一个企业的成功不仅在于一时能获取利润，还在于让企业长期保持竞争优势，不被其他企业超越。例如，苹果公司的主要优势不仅是持续的产品创新，还有商业模式的新颖。其他手机生产企业不仅难以模仿苹果公司的产品，更难复制像苹果公司那样的应用商店。因此，其他手机生产企业尽管手机质量也不差，但很难获得苹果公司那样的市场领导者地位。

（七）完善成本结构，降低成本

利润的多少，不仅取决于收益，也取决于成本的控制。降低成本是企业长期发展的要求，成功的商业模式不仅可以降低成本，还可以创造出更为优势的商业模式。例如，巴帝电信摆脱网络和 IT 的束缚来完善它的成本结构，通过与网络装备制造商爱立信和 IBM 的合作，来控制成本。通过一系列的运作，巴帝电信成为印度最大的移动运营商。

如今，每一个商业模式都做得十分完美，对初创企业而言，要时刻用以上几点来调整企业商业模式的设计，才能激发企业的活力。

三、检验与评价商业模式

商业模式的运行一定要经得起市场的检验，经不起市场检验的商业模式必然会失败，不可能盈利。检验商业模式通常有两种方法：

（一）逻辑检验

逻辑检验是结合创业者的经历，通过人脑的逻辑思维去检验商业模式是否可行的一种方法。在逻辑检验中是把商业模式放入特定的环境去检验，而这种环境随着时间的变化而变化。因此逻辑检验有“先入为主”的缺点。商业模式的逻辑检验应从以下几个方面加以下检验：

①顾客源自何处？

②顾客期望的价值？

③商业相关利益方的目标？

④商业模式的差异性有哪些？是否具有可持续性？

对以上四个方面进行分析可初步判断商业模式是否具有逻辑性、是否具有常识、是否有利于企业赢利。

（二）盈利性检验

如果商业模式不能盈利，商业模式就成为空谈，企业必须对商业模式的盈利性进行检验。一般通过以下四个方面来检验商业模式的盈利性：

①损益表来检验商业模式的盈利性。

②资产负债表检验商业模式的盈利性。

③商业如何实现良性运作。

④盈利模式的困境。

基于市场空间、消费者偏好与心理、竞争者的战略和行动进行分析和假设，从而测算出成本、收入和利润等量化数据，评价商业模式的可行性。当收入不能弥补成本，特别是变动成本时，企业的商业模式是不能通过赢利模式检验的，是失败的商业模式。

（三）商业模式的设计评价指标

1.商业模式的适用性

环境随着时间的变化而变化，一次事件、一次人事调整等都可能让企业处于不稳定的环境中。同时企业千差万别，每个企业都有自己的独特性。那么企业的商业模式如何适应环境，适用于自己的独特性，就是一个问题。解决这个问题的首要之处在于随着环境变化，调整企业的商业模式。商业模式没有好坏之分，只需考虑是否适用于当前企业和环境，适用于企业和环境就是好的商业模式；反之，则不是好的商业模式。

2.商业模式的有效性

商业模式的效度是商业模式的重要环节。尽管贸易保护有所抬头，但经济全球化仍是主旋律，同时互联网加速世界各地的沟通与交流，无论任何行业或企业都不可能坚守一成不变的商业模式，来确保自己的市场占有率和利益空间，因此商业模式的效度是最根本的问题。有效的商业模式在一定时间、一定条件下能够选择为自己带来最佳效益的盈利战略组合。

具有效度的商业模式是丰富、细致的，其中各个部分要互相关联，改变任何一个环节，原本的商业模式就会改变，就会变成其他的商业模式。

3.商业模式的前瞻性

企业对于商业模式要始终着眼于企业的经营目的，一个成功的商业模式必须与企业的经营目的高度融合，商业模式实际上就是企业达到经营目的运行机制。企业运行机制对于企业是否达到企业经营目的起到举足轻重的作用。企业经营的目的众多，但是一般以利益最大化为目的，运行机制是保证达到企业经营目的手段和方式，比如，吸引客户眼球、获取风险投资、给潜在优质雇员以希望以及在赢利的基础上持续在市场上提供产品和服务。

同时，企业所处的环境也在不断变化，商业模式也应随着环境的变化而调整，换句话说，商业模式必须根据环境动态地调整，保持商业模式的灵活性，促使商业模式迅速适应环境。

四、商业模式的实施评价

商业模式设计完成后，实施商业模式能否实现企业的经营目的，达到预期的目标，还

需要对商业模式的实施进行评价。一般来说,从三个方面对商业模式的实施进行评价:

1.客户期望的实现程度

初创企业所设计的商业模式是否合理,首当其冲的是审视其模式对于客户期望的实现程度,即商业模式能够在多大程度上传递多少事先预定的价值给客户。同时,必须注意的是商业模式传递的价值和客户获取的价值在量和质两个方面的契合度。例如,初创企业原本准备给客户传递"时尚"的价值观,而所设计的商业模式不是传递"时尚"的价值给客户;初创企业原本打算给客户传递"节能"的价值,但是客户感觉"节能"的价值不明显,节能较少。那么,这样的商业模式的实施效果也会打折扣。

2.客户价值实现的可靠性

正如前面所说,环境不断变化,增加了企业的风险,创业企业依托商业模式为客户传递价值,这个过程是否可靠值得商榷。创业企业设计特定的商业模式,需要考虑的是如何把价值传递给客户,传递的程度如何。企业把商业模式所预定的价值可靠地传递给客户才是有价值的。因此,对于商业模式可靠性的检验具有重要的意义。通过检验商业模式的可靠性,重新审视商业模式的系统性风险和非系统风险,还需要弄清每一种风险的影响程度,也只有弄清楚每一种风险的影响程度才能得出较为充分的评价。

3.客户价值实现的效率

初创企业所设计的商业模式较为可靠地传递价值给客户后,还需要审查商业模式传递价值给客户的效率。在此有两个因素的影响最为重要:其一是初创企业所设计的商业模式为客户创造价值的效率;其二初创企业所设计的商业模式为客户传递价值的效率。只有两者综合且合理地运用,客户才能有效率地获取初创企业所设计商业模式的价值。如果两者其中之一效率低下,都会影响客户价值的获取。

五、几种成功的商业模式

成功的商业模式是有共同点的,即能创造性地将内部资源、外部环境、盈利模式与经营模式有机整合。初创企业不断提升自身的获利能力、风险控制能力,适时调整盈利模式与经营模式。成功的商业模式是在一定的环境、一定条件下,占有某种资源,具有更多的个性,且门槛较高其他创新创业不能简单复制,同时不断占有和升级这种资源才能保持企业的生命力。下面介绍几种成功的商业模式:

(一)共享单车

近几年,风靡全球的共享单车,起初致力于解决校园出行难问题。随着消费人数的增加,陆续在各大高校推广,累计服务师生近百万次。共享单车更受年轻男性欢迎,据不完全统计,男性使用人数占比超过一半。随着共享单车被消费者接受,"共享经济"的概念迅速普及,共享汽车也悄然进入了人们的视野,特别是在发达城市,共享汽车的出现为人们的生活带来了方便。

共享单车的创新性是企业在校园、地铁站点、公交站点、居民区、商业区和公共服务区提供一种单车共享服务。共享单车是一种新型绿色环保共享经济,是一种分时乘胜租赁模式。

共享单车的发展历史并不长,却发展很快。它是关于共享经济的一种初步尝试。事实上,互联网的发展为共享单车提供了便利。

(二)百度度秘

度秘是百度公司 2015 年推出的全新产品,旨在提供针对秘书工作的搜索服务。该服务是人工智能技术与搜索技术的完美结合,并且利用机器学习来代替人的学习和工作,是人工智能的深度利用。

该产品的推出大大提高了工作效率,更对以前的秘书职业提出了挑战。

(三)人人车

人人车专注于二手车的买卖,采用的是 C2C 的方式来销售,其方式能为买家和卖家减少中间环节,并提供专业、诚信、方便和有保障的交易。人人车直接对接售买两方,网站不暂存车辆,砍掉中间环节。该网站对二手车提出要求,即车龄为 6 年并且在行驶里程 10 万公里内的无事故个人二手车,保证了二手车的质量,使买家更放心。

对于二手车行业,二手车质量难以把控属于非标品,并且国内缺乏中立的第三方二手车鉴定机构,导致人人车采用的 C2C 销售方式困难重重。然而人人车之所以逃离"C"方式的诅咒,更重要的是中间环节的减少,将利润返还消费者,并且二手车的质量有保证。

(四)美团

美团网是 2010 年 3 月 4 日成立的团购网站,美团网有着"吃喝玩乐全都有"和"美团一次美一次"的服务宣传宗旨。2014 年美团全年交易额突破 460 亿元,较 2013 年增长 180%以上,市场占有额超过 60%。2018 年美团点评向港交所递交 IPO 申请。

美团经过几年大战脱颖而出,又经历了与百度糯米、大众点评的三方争霸。美团的创新理念在于牢牢把握"商户规模效应"与"客户习惯培养"两大精髓,整合大众点评后的美团点评成为绝对的龙头。

美团提供便利的"吃喝玩乐"的服务,并且提供外卖服务。经过多年的"厮杀",该企业不仅打败了同类企业,也抢占了不少如"康师傅""统一"等方便面的市场。美团的成功在于在消费者和商家之间建立了一座桥梁,这座桥梁可以随时提供信息,并且返还一定利润给消费者,同时卖家也因为消费者多而获利。

(五)链家网

链家网是集房源信息搜索、产品研发、大数据处理、服务标准建立为一体的以数据驱动的全价值链房产服务平台。链家网以"推动行业进步,让房屋交易不再难"为使命。

链家网主要创新在于基于互联网提供了房源信息,客户可以通过网络随时了解房源信息,从而比对出自己真实需要的房源。

该平台提供房源信息,促使房价不合理的空间变小,使消费者和房主间的信息更为对称,减少了中间环节。

(六)云足疗

云足疗是一款上门足疗按摩服务平台,为用户带来最全的技师资质认证信息、真实的消费者评价,并综合中医、肌肉、推拿学等技术,可以随时随地享受足疗。

云足疗是第一家上门服务的足疗 O2O 平台。通过云足疗这个平台砍掉了中间环节,让足疗技师和消费者对接。不仅解放了提供服务方,也让顾客体验到低价便捷且优质的上门服务,“消费者剩余”的空间大大增加。

云足疗提供了标准化的服务,并且采用没有中间环节的垂直服务,为赢得市场空间夯实了基础。

(七)滴滴出行

滴滴出行是涵盖出租车、专车、滴滴快车、顺风车、代驾及大巴等多项业务在内的一站式出行平台,2015 年 9 月 9 日由“滴滴打车”更名而来。滴滴出行利用互联网和定位技术为消费者提供了方便 ,同时为多余的车辆提供了获利的机会。

滴滴出行利用先进的技术,砍掉了中间环节,为消费者和车主提供方便,大大挤占了出租车的利润空间。

(八)360 杀毒软件

360 杀毒软件是 360 安全中心出品的一款免费的云安全杀毒软件。360 杀毒软件具有查杀率高、资源占用少、升级迅速等优点。零广告、零打扰、零胁迫,一键扫描,快速、全面地诊断系统安全状况和健康程度,并进行精准修复,带来安全、专业、有效、新颖的查杀防护体验。

该杀毒软件改变以前付费才能使用的一贯做法,使用免费杀毒的方式赢得了市场,从而逐步推出公司的其他产品和服务。

马云曾在《赢在中国》节目中说“免费是世界上最昂贵的东西”! 360 杀毒软件用实际行动去证明马云所言。

(九)干净么

干净么是一个第三方平台,监管餐饮安全卫生,与政府、线下线上媒体、商家和用户等多方互动来进行运作。目前干净么平台有接近千万条关于商家的数据,以及几十万家餐饮单位的等级。

该平台的出现填补了餐饮监管的第三方空白,不仅涉及餐饮店铺,还包括学校和企事业单位食堂,用户可以根据自己意愿查看意向餐厅的等级以及以前顾客的评价。

干净么 APP 的出现方便了顾客寻找满意的餐厅,同时也让餐厅感到压力,不得不提高卫生标准,从而赢得顾客青睐。

(十)挂号网

挂号网是医护到家系列产品,是第一视频旗下千医健康打造的健康信息平台,挂号网专注于为患者提供全国主流三甲医院的挂号服务。

该网站的出现解决了患者到医院排队挂号的尴尬,为患者节约了时间成本。挂号网以患者的立场,为患者提供了方便,同时也为医院提供了方便。

通过以上十种商业模式案例的分析,可以看出不同的模式以不同视角为切入口,赢得了市场。初创企业要深入了解市场,真正掌握目标客户群所想所需,以独特的视角为切入口,生产适销对路的产品或服务,企业才能获得利润。

六、商业模式创新常见的十种类型

今天,创新不再停留在技术创新和产品创新方面,更多的行业领先者已经把创新的视角转移到更深层次的运营创新和商业模式创新。商业模式创新成为众多企业竞争者的主要阵地。郭士纳带领 IBM 从制造型企业向服务型企业转型,从而让 IBM“大象再次跳舞”;苹果公司的成功不仅在于产品的创新,更在于有卓越的商业模式为支撑才有今天的成就。德勤摩立特下属咨询公司德布林历经三十年对商业模式的创新问题进行了总结,并出版《创新十型》一书。关于商业模式创新的十种类型分别如下:

(一)商业盈利模式创新

盈利模式创新是指企业变换全新的方式,将企业所生产的产品或服务等资源变现。这种类型的盈利模式创新会影响企业生产什么类型的产品或服务,以及如何确定售价,从而影响企业的利润空间的大小。

(二)商业模式的网络创新

随着互联网的兴起,企业充分利用网络展开创新,提高公司的技术、产品、渠道和品牌等的竞争力,从而使企业在激烈竞争的市场占有一席之地。

(三)商业模式的结构创新

结构创新是指企业采用独特的方式重构企业的资产,比如人力、资产等来创造更大的价值。结构创新主要涉及激励机制、固定设备重新配置等方面。比如,鼓励员工为了特定目的而奋斗;重构企业资产提高利用效率,降低运营成本。

(四)商业模式的流程创新

流程创新是指企业在提供产品或服务的各个环节中提高效率。这种创新需要改变以往的业务经营方式,使企业具有特色,从而让企业适应新的环境,提高市场占有率,提高利润率。

(五)商业模式的产品性能创新

产品性能创新主要指企业在产品或服务特性和质量方面进行完善。这类创新包括两个方面:一方面企业提供全新的产品或服务;另一方面原产品或服务的升级。然而,产品性能的创新是竞争对手最易模仿的。因此,企业在进行产品性能创新时,必须依靠其他方式来确保企业的利益。例如,申请专利等。

(六)商业模式的产品系统创新

产品系统创新是指产品通过与其他产品整合创造出一个可扩展的强大系统。产品系统创新可以帮助企业营造一个争取顾客的环境,从而打败竞争对手。

(七)商业模式的服务创新

服务创新是指企业改进或全面转换企业提供的服务,从而提高顾客的效用程度。它能使产品更容易让顾客满足,服务的提高可以提高产品的功能,甚至可以弥补产品的不足,恢复顾客对产品的信心。例如,海底捞火锅充分利用了商业模式的服务创新手段获得了成功。

(八)商业模式的渠道创新

渠道创新涉及企业将产品从供应端向需求端传递的所有手段。在没有互联网的时代,企业产品传递主要依赖产品实体的流动来实现,然而在互联网高度发展的今天,企业产品可以依赖网络通过图片或者视频的方式展现给消费者,大大缩短了产品信息传递给顾客的时间。有些企业的渠道创新同时利用了线下和线上两种方式传递产品。

(九)商业模式的品牌创新

企业的品牌创新有利于提高产品或服务的识别度,能让顾客记住企业的品牌。市场接受程度高的品牌,在激烈竞争的环境中,能让顾客选择你的产品。响亮的品牌是企业给顾客的一种"契约",能保证产品或服务的质量,保证产品或服务的最大效用。

(十)商业模式的顾客契合创新

顾名思义,顾客契合创新就是利用企业了解和掌握顾客深层的需要,并以此为契机,企业发展与顾客之间更为深远的关系。契合创新是富有前瞻性的创新,为企业的发展和顾客消费效用最大化开辟了广阔空间。这种类型的创新能让消费者的消费过程更加令人难忘且回味无穷,这也是企业乐见其成的。

尽管一个企业很难选择以上所有类型的创新,但是只选择一两种创新的企业不可能获得旺盛的生命力,特别是很容易被竞争对手模仿的产品性能创新。因此,企业要深度融合以上十种创新才可能获得持久的生命力。

项目八

创新与创业计划书

知识目标

1. 了解创新与创业计划的概念及分类。

2. 了解创新与创业计划书的作用。

3. 了解创新与创业计划书的构成。

技能目标

1.掌握创新与创业计划书的主要构成部分。

2.掌握 SWOT 分析方法。

学习重点

行业和市场分析、营销策略分析、财务分析、风险分析。

学习难点

创新与创业计划书的制作。

案例导入

研究生盲目开宠物店创业　一年欠下数十万

臧国栋是陕西榆林人，读研毕业后，曾在医院做过两年临床试验员、临床协调员和基因诊断方面的技术支持工作，工作期间每月薪酬约 5 800 元，待遇还不算差。和所有不甘于平淡的年轻创业者一样，他从网上获知宠物行业的高利润，便在 2015 年 4 月份开了一家加盟宠物店。开店初期刚实现收支平衡，他便毅然辞掉工作亲自管理店铺。

由于选择加盟方式开店，又没有本钱，臧国栋在创业之初就选择了以金融贷款的方式获取资金，从 6 家贷款公司、一位朋友、自家妹妹处共筹得资金 30 万元。加盟费 5.8 万元，每月房租水电近 4 000 元，再加上器材购买、进货，初期开支就花了 17 万元，每月还有总计 15 000 元的还款压力。

创业之初他想要“借鸡生蛋”，想开店 3 年后，店铺归自己所有，但是万万没想到，自己连贷款利率与收益平衡都没算清。按照贷款本金 23%~24%的实际还款利率，理想状态本金投入能产生的 20%~30%的收益率，加上日常开支，细算下来，事实上这种“借鸡生蛋”的方式根本就行不通。并且一旦生意不好，日常收益减少就将引发整体的资金断链。

2016 年 7 月份进入夏季，宠物店业务进入淡季，平均每月只有 5 000 元营收，每月的巨额还款就成了他的最大压力。臧国栋本该此时放弃，但他又做出了舍命一搏，再次贷款两笔，总计本金 8 万元投入店铺运营，不料遇到竞争对手，在经营过程中由于缺乏商业意识把客户送到竞争对手手里。面对还贷压力大，缺乏资金进货推出新服务，客流越来越少，营收越来越低，导致还款压力加剧。在这样的死循环中，臧国栋的创业再也没了希望，最后欠下的近 28 万元贷款成了他唯一的创业“收获”。

自从李克强总理提出“大众创业、万众创新”的号召以来，越来越多的大学生加入创业的大军之中。创业初期创业者们大多雄心勃勃、激情飞扬，但随着创业过程的展开，到最后成功，并坚持到底的人少之又少。分析创业失败的原因有很多，比如创业者自身不够成熟、经验不足、资金不足、创业的项目不符合个人、外在的环境因素等。案例中创业者臧国栋的失败就是典型的前期准备不足、无创业计划，经验、经营、融资、风险分析等都存在问题且未及时总结修正。“自我服务偏见”意识，即总觉得自己做得比现实更好、更高、更强，不可能导致失败的想法，最终陷入进退两难的境地。

任务一
创新与创业计划概述

案例 1

创新"小管家"

一个年轻人开拓出了一种叫作"小管家"的新家政商业模式。凭借新模式,这位创业者在北京,仅一个社区就年收入 170 万元。面对我国汹涌而来的社区经济,"小管家"就是一条"沃尔玛"式的道路,一扇虚掩的财富大门正在徐徐打开……

张松江,出生于 1978 年,土生土长的北京人,如今是新理念保洁服务有限公司的总经理,公司注册商标为"小管家"。1999 年,张松江在北京联合大学毕业时选择与其他 3 个朋友一起创业。创业初期 4 人选择加盟一个美国品牌保洁公司,并凑了 3.9 万元加盟金,本以为可以很容易赚到钱,没想到 4 人到处碰壁,生意惨淡。

面对创业初期的失败,张松江在翻看报纸时无意中看到一则广告:北京的 SOHO 现代城推出了可移动墙壁的房屋。可移动的墙壁——所有开发商都把墙壁做成死的,他们却做成活的。由此,给了张松江启示,他想:要想有利润就得有别人没有的东西,就得把大家都认为是不能改变的固定思维模式打破。思维的闸门一旦打开,张松江再也抑制不住自己。他想到了由户外转向户内。虽然户内保洁也有人做,但是现在的户内保洁太没有特点了。像 SOHO 现代城这样的高档社区,肯定需要一种更高档次的服务。麦当劳、肯德基走遍全球,凭的不就是一个严格的操作规程与标准。对于保洁来说,这个标准应该是对卧室、卫生间、厨房等不同性质房屋进行分类,然后确定不同的服务标准。他把自己的想法、计划都写在了纸上。从第二天开始的十几天时间里,他进一步完善方案,然后鼓起勇气去找 SOHO 现代城中海物业公司的经理。那位将近 50 岁、有着丰富经验的物业经理被眼前的年轻人打动了。

一、创新与创业计划的概念

众所周知,任何人做任何事情都需要一定的"程序"。一顿美味佳肴,少不了从拟定菜谱到购买食材、烹饪,再到呈上饭桌;一个成功的试验,少不了从试验设计到准备试验用品、试验,再到查看试验结果;一个项目,少不了从设立项目到前期准备、项目实施,再到项目验收。所有的事情小到生活事件,大到国家、社会建设,要想达到预期的结果,都需要流程,都需要事先计划。曾有人说过周密的计划、正确的方法和有效的执行是迈向成功的阶梯。确实,无数成功的、失败的案例都证实了计划对于事件成功的重要性。

计划，在管理学中具有两重含义:其一是计划工作,是指根据对组织外部环境与内部条件的分析,提出在未来一定时期内要达到的组织目标以及实现目标的方案途径;其二是计划形式,是指用文字和指标等形式所表述的组织以及组织内不同部门和不同成员,在未来一定时期内关于行动方向、内容和方式安排的管理事件。无论是计划工作还是计划形式,计划都是根据社会的需要以及组织的自身能力,通过计划的编制、执行和检查,确定组织在一定时期内的奋斗目标,有效地利用组织的人力、物力、财力等资源,协调安排好组织的各项活动,取得最佳的经济效益和社会效益。

所谓创新与创业计划,是指全面、清楚地把创造新矛盾共同体的过程及创业构想通过一定的形式表达出来,是创业者根据创业项目运营模式、创业经验,结合自己的实际,整理出一套全面、渐进的程序和方法,以便能够分阶段、分步骤地实施,并最终实现创业目标。创新与创业计划一般包括产品或服务概述、产业行业分析、营销计划、风险分析、管理团队、财务预测等方面。

二、创新与创业计划的分类

1.根据时间长短来分

对于创新与创业计划,可以依据创新创业的时间为标准,将其分为长期计划、中期计划、短期计划。长期计划为实现企业的长期目标服务,关系到企业的发展远景,其目的是扩大和提升企业的发展能力。长期计划的主要内容是规划企业为实现长期目标所应采取的一些主要行动步骤、分期目标和重大措施及企业各部门在较长时期内应达到的目标和要求。长期计划往往是战略性计划,规定组织较长时期的目标及实现目标的战略性计划。中期计划是在创新创业的时间安排、创业活动的内容以及创业的实施步骤等方面,都体现得相对简短而具体。短期计划,在时间上相对最短,能体现出在某一阶段的特点和需要达到的目标。

2.根据创业内容来分

在《创新与创业能力培养》一书中,根据创新创业内容,将创新与创业计划分为经营性计划和创建计划。经营性计划是根据创新创业的目的和内容,明确要干什么、怎么干及如何干。创建计划是指实施创建自己的事业,把创业构想变成现实企业,并按照经营计划顺利运营。

任务二 创新与创业计划书的作用

案例2

与众不同的蛋糕店

在绍兴市新建北路5号，有家“新天烘焙”蛋糕店，与其他蛋糕店有点不同，有点休闲吧的味道。这家与众不同的蛋糕店的主人，是位刚走出大学校门才两年的年轻人——浙江大学城市学院2006届毕业生陶立群。他毕业后便开始创业，现在已拥有5家蛋糕连锁店和一家加工厂，成为绍兴市里小有名气的创业青年，曾被评为绍兴市创业之星。

2006年6月，陶立群从浙江大学城市学院工商管理专业毕业时，便决定开个蛋糕店。他做出这个决定并不是盲目的——大学期间，他曾经营过校内休闲吧、小餐厅，都做得不错。曾做过“元祖蛋糕”代理的他，对蛋糕市场有所了解，觉得能在这一行闯出一片天地。虽然父母极力反对，但陶立群认准了这条路，决意走下去。2006年夏天，他白天顶着烈日逛绍兴市区大大小小的蛋糕店，看门道、想问题，晚上则躲在房间里查资料，了解市场行情。他还跑到杭州、上海等大城市做蛋糕市场的调查，搞可行性分析，调研后将自己的创业梦想定位在打造本地中高档蛋糕品牌上。2个多月后，当满满9页的《新天烘焙蛋糕店可行性策划书》放在父母面前时，陶立群的父母被感动了，他们拿出积蓄支持儿子创业。2006年年底，第一家“新天烘焙”蛋糕店在绍兴市新建北路5号正式开张，陶立群做起了小老板。他将店面分成两部分，前半部分是自选式的透明橱窗，便于顾客自行挑选；后半部分则用来加工糕点，现做现卖。

优质的用料、独特的口味、有人情味的服务，赢得了消费者的喜爱。2007年5月、10月，陶立群先后开办了多家店铺，陶立群的店铺定位及开店模式取得巨大成功，他的《新天烘焙蛋糕店可行性策划书》给人留下了深刻的印象。成功总是留给那些有准备的人，陶立群在正式创业之前，对自己的能力有清醒的认识，对蛋糕行业有详细的调查、分析，这正是他创业初步成功的基础。

一、创业初期是否立项的试金石

我们都知道，一份完整的创新与创业计划书包含的内容十分丰富，包含从外部行业分析、市场分析到创业项目自身产品或服务分析、财务分析、风险分析等。通过计划书的拟订，可以很好地找出创新与创业项目本身的优劣势。如果在拟订创新与创业计划书时，发现整个计划具有可行性，且有一定的盈利空间，无疑会给创业者带来很大的创业信心，有利于创新创业项目的启动开展。如果在拟订创新与创业计划书时，发现立项、财务、风险与回报分析等环节存在问题，可以给创业者更多的时间进行准备修正，甚至放弃项目，以减少创业过程中给创业者带来的严重经济损失，陷入进退两难的境地。

二、创业过程的指南针

创业过程是一个相当烦琐的过程，涉及各个环节、要素的组成，各种凌乱信息的整理，各阶段的实施，项目的推进等，通过制作创新与创业计划书可以很好地梳理和整合各方面资源，达到增强资源合力，推动项目，取得明显经济效益的作用。所谓“下面千条线，上面一根针”，创业计划书就起到了很好的穿针引线作用。

三、创业团队的聚集力

一个团队的组合少不了共同的奋斗目标、人员组成、团队定位、团队成员权限及项目计划。创业计划是组成团队不可缺失的重要部分之一，创新与创业计划书将为创业奠定基础。创新与创业计划书的展示，有利于团队成员更加了解创业项目，推动项目实施，同时也能起到吸引其他创业伙伴，完善创业团队的作用。

四、创业融资的敲门砖

一个创业项目能够得以实施，少不了资金的保障。资金就如同企业的血液，筹集创业过程中所需要资金是任何一个创业者在创业过程中都不可回避的问题。创业计划是创业融资的必备工具。如果没有创业计划，风险投资家或者银行便无从知晓企业经营设想、创业项目所需要资金的确切数目，更不可能贸然投资或贷款给创业项目。

任务三

创新与创业计划书的构成

创新与创业计划书就是将创新与创业项目通过梳理以书面的形式呈现出来。它可以帮助创业者记录许多创业的内容、创业的构想，能帮助创业者规划成功的蓝图，进一步深化对创业企业经营的思考。一份完整的创新与创业计划书通常有 6~10 项内容，一般要包括创业者的目的、对创业企业和环境的描述、创业团队的组成、创业项目的风险和回报分析等重要内容。创新与创业计划书不要求面面俱到，只要能体现出“你是谁”“你要做什么”“你怎么做”即可。创新与创业计划书一般包含以下几个方面的内容：

一、封面

封面设计要美观、简单，选用图片最好能突出项目主题，不仅可以给阅读者一个好印象，还可以使阅读者产生兴趣。

二、计划摘要

计划摘要是将整个创新与创业计划书各部分进行浓缩和汇总，展示创业项目的要点和精华，一般都是创新与创业计划书最后完成的部分，也是阅读者最先关注的部分。计划摘要具有使阅读者在短时间内了解项目、作出评审和判断的作用。好的计划摘要可以引起投资者的兴趣，激发投资者进一步探究项目的渴望。

计划摘要要求内容精练、生动、突出亮点，摘要中特别要说明自身创业项目与其他项目或类似项目的不同之处及取得成功的重要因素。计划摘要一般包含公司介绍、产品或服务范围、团队、市场分析、营销策略、销售计划、财务计划、资金需求等陈述。

三、产品或服务介绍

创新与创业计划书中产品或服务介绍是阅读者最关心的问题之一，产品或服务本身的创新性及介绍是否能够引起阅读者的关注，对创业项目的启动十分重要。

创新与创业计划书中产品或服务介绍一般包括：产品或服务的概念、性能及特性；主要产品介绍；产品的市场竞争力；产品的研究和开发过程；发展新产品的计划和成本分析；产品的市场前景预测；产品的品牌和专利等。

在撰写创新与创业计划书的过程中，语言应该准确、通俗易懂。介绍产品可以附上原型、图样及相关照片等资料，介绍服务应实事求是，所承诺的事项应该有相关的材料支撑。如果撰写者是创业管理者，那么在撰写的过程中就应该清晰地表达出产品或服务的特色是什么、卖点是什么，与其他类似的商品相比具有哪些突出优势。如果撰写者是专业的技术人员，那么在撰写过程中，首先要考虑阅读者的身份，不能大篇幅地采用专业术语对技术和产品进行阐述，只需要讲清楚公司的产品或服务的体系、完整性和可持续性即可。不管创业者是何种身份，在撰写产品或服务介绍时都应该把重点介绍放在产品或服务的盈利能力、产品或服务的优势上面，避免阅读者无法抓住介绍重点，看不到项目的潜力及投资的可行性。

四、人员及组织结构

1.人员组成

谈到创业，就必然谈到创业者。创业可以是“单打独斗”的个人创业，也可以是“并驾齐驱”的团队创业。纵观无数取得伟大事业的创业案例，不难发现创业团队往往比独立创业者取得的成就更为辉煌，探究其原因我们可以知道人无完人，当发挥团队中每个人的特长时，团队便能弥补个体自身的不足，发挥整体的力量，起到 1+1>2 的作用。

那么如何组建团体？组建一个团队需要有共同的目标、两个及以上的创业成员、每个人在团队中要有相应的定位、每个人的职权是什么、明确近期及长远计划，只有具备了以上五个要素才能组建团队。创业过程是一个以创业者为首的组织行为，一个企业的运作必须具备产品或服务开发的核心技术者、市场销售、生产管理、企业财务等方面的专业人才，通过创业者的组织运作，将商机变成计划，通过实施，最终创造出价值。在创新与创业计划书中，必须要对主要团队成员的职责和权力加以具体阐述，从而避免在创业过程中出现管理上的混乱。

2.组织结构

公司的组织结构主要是描述企业的组织结构和所有制形式。

组织形式一般包括直线制、直线职能制、事务部制等。一个创新与创业企业不管采用何种组织形式，项目的组织结构图、部门的划分以及责权都应该在创新与创业计划书中有所体现。

所有制形式就是指新创的项目或企业是个人独资形式、合伙形式还是公司形式。依据法律的规定，不同的所有制形式下，创业者承担的责任有很大的差别。在创新与创业计划中，应该说明企业采用的所有制形式，体现投资者投入的资金情况、形式、相关责任、职权等。

五、行业和市场分析

在创新与创业项目的产品或服务推出之前，首先应该对项目所处的行业及市场的基本特点、竞争状况及未来发展趋势进行全面、深入的分析和预测。行业和市场分析主要包括以下几个方面的调查和分析：

①该行业目前的状况如何？发展到了什么程度？

②是什么因素决定该行业的发展？政府出台的相关政策是否对该行业有影响？

③该行业的销售情况如何？发展潜力如何？

④进入该行业最大的障碍是什么？你是否有应对措施？

⑤市场对产品或服务的需求到达什么程度？与其他类似的产品或服务相比，优势在什么地方？对企业来说产品或服务是否存在利润空间？

⑥产品或服务的目标客户是哪些？

⑦市场竞争情况如何？竞争对手有哪些？创业者的竞争优势在哪些方面？面对竞争是否有相应的应对措施？

⑧本企业未来能达到的市场占有率可能是多少？

行业和市场分析主要应该包括行业、市场现状综述，竞争对手介绍，目标客户及市场介绍、创业项目产品或服务定位等，通过深入行业、市场调查研究，对宏观环境和微观环境的预测，可以使创业者清晰地认识到创业项目是否具有可操作性。如果分析调研结果令人担忧，那么创业者可以立刻放弃创业计划，避免创业失败带来的严重经济损失。如果分析相当乐观，有利于增强创业者的自信，进一步完善实施创业计划。

六、营销策略

营销是企业经营中最富挑战性的环节，一定程度上关系着企业的生死存亡。营销策略是创新与创业计划的重要组成部分，它主要描述了企业的产品或服务将如何进行分销、定价和促销。在做营销策划时要考虑产品或服务的潜在市场和销售量，分析消费者的心理状况、企业自身产品或服务的特点和类型、营销方式和平台等因素。比如火锅，在四川、重庆地区受气候、饮食习惯的影响，人们比较偏爱麻辣口味。但如果将火锅推广到北方，而又不考虑北方人的饮食习惯，仍然以麻辣味为主，估计就很难取得较好的营销效果。

在制作营销策划时应该体现出总体营销策略、价格策略及销售过程三大方面的具体内容，包括市场机构和营销渠道的选择、营销队伍和管理人员、促销计划和广告策划、价格决策等。在不同的阶段、不同的时期，应针对性地制作营销策划以达到突出重点的作用。

七、财务规划

财务规划不管是对现有企业还是对新兴企业来说，都十分重要。对于一个创新与创业企业来说，财务规划在一定程度上关系到企业的成败。一份好的财务分析不仅可以使创业者自己对创业项目的财务运营状况做到心中有数，还可以让投资者清晰地了解企业的盈利状况顺利融资。所以财务规划对创新与创业计划书起到了很好的支持、说明作用。

在制作财务规划过程中，通常需要花费大量的精力和时间进行分析，需要明确下列问题：

①产品在每个阶段的生产量有多大？

②什么时候开始产品线扩张？

③每件产品的生产费用是多少？

④每件产品的定价是多少？

⑤使用什么分销渠道，所预期的成本和利润是多少？

⑥需要雇用哪几种类型的工人？

⑦雇用何时开始，工资预算是多少？等等。

制作财务规划需要体现以下几个方面的内容：经营规划与资金预算；预计的资产负债表；预计的损益表；现金流量分析；资金的来源和使用等。

流动资金是企业的生命线，因此企业在初创或扩张时，对流动资金需要有预先周详的计划和进行过程中的严格控制。损益表（或利润表、损益平衡表）是用以反映公司在一定时期利润实现（或发生亏损）的财务报表。它反映的是企业的盈利能力和变化趋势，它是企业在一段时间运作后的经营结果。资产负债表亦称财务状况表，表示企业在一定日期（通常为各会计期末）的财务状况（即资产、负债和业主权益的状况）的主要会计报表。资产负债表不但可以用于企业内部除错、明确经营方向、防止弊端，还可让阅读者以最短的时间了解企业经营状况。

八、风险控制

任何创新与创业项目的产生都是从无到有,面对进入的未知环境,无不将面临许多潜在的风险。从理论上讲,创业风险包括不为企业或组织预计和控制的外部因素所造成的系统性风险以及因企业或组织内部特有事件造成的非系统性风险。在制作创业计划时,需要对外部及内部的风险进行分析,并得出结论。

1.风险的来源

风险的来源主要包括以下几个方面的内容:

①选择的项目是否存在风险?

②你的公司在市场、竞争方面面临哪些基本的风险?

③创业经验是否欠缺、团队分工是否合理、管理过程是否存在混乱?

④资金的投入及使用过程是否存在问题?

⑤关键的技术人才是否存在流失风险?

⑥面对各方面的风险,是否有应对措施,有哪些附加机会?

⑦在最好和最坏的情况下,你的 5 年计划表现如何?

2.风险分析的方法

风险分析的方法可以采用 SWOT 分析法,所谓 SWOT 分析,即基于内外部竞争环境和竞争条件下的态势分析,就是将与研究对象密切相关的各种主要内部优势、劣势和外部的机会和威胁等,通过调查列举出来,并按照矩阵形式排列,然后用系统分析的思想,把各种因素相互匹配起来加以分析,从中得出一系列相应的结论,而结论通常带有一定的决策性。

优势,是组织机构的内部因素,具体包括:有利的竞争态势;充足的资金来源;良好的企业形象;技术力量;规模经济;产品质量;市场份额;成本优势;广告攻势等。

劣势,也是组织机构的内部因素,具体包括:设备老化;管理混乱;缺少关键技术;研究开发落后;资金短缺;经营不善;产品积压;竞争力差等。

机会,是组织机构的外部因素,具体包括:新产品;新市场;新需求;外国市场壁垒解除;竞争对手失误等。

威胁,也是组织机构的外部因素,具体包括:新的竞争对手;替代产品增多;市场紧缩;行业政策变化;经济衰退;客户偏好改变;突发事件等。

九、附录

创业计划一般应该有附录，附录中包含了不必在正文中列明的补充资料。附录可以包含团队成员简介、有关技术资料或专利证书复印件、相关资料的来源和说明、协议与合同、市场调查问卷及其定性分析、财务附表、市场容量估算表、专业术语介绍、供应商的资料等。

十、创业计划书样例

佰茶堂创业计划书

（一）执行总结

1.项目概述

基于茶叶供大于求的市场现状，人们开始从各个维度将茶叶的功能价值最大化。顷刻间，茶几乎无所不能，它既可以成为金融理财产品，又可以成为新兴的创业载体。不可否认，在特定的行业阶段背景下，只要能够为行业带来新鲜血液和模式，让茶人赚钱，我们都应该以一颗与时俱进、包容的心去理解接受。但不容否定的是，茶最终还是要喝掉，而喝掉库存的主力军，必将是这帮被可乐、咖啡浸泡出来的年轻消费者。而撬动如此庞大的一支队伍来消费茶叶，单靠几句流行的口号和几款时尚的概念单品显然是不够的。需要行业大咖们的战略投入，需要有身先士卒的弄茶儿甘愿为行业试错，需要全社会来为之互动。所以，与其把茶叶当期货，不如把年轻的消费群体当期货。等他们的茶消费飙起来时，全行业都是受益者。但这把火焰离不开众人拾柴。

2.销售范围

(1)批发、零售各种高中低档茶叶

(2)附加销售品茶用具

(3)提供茶馆包厢等品茶论道的场所

3.市场分析

随着社会的发展，人们更加注重养生修身，喝茶的人越来越多。世界上喝茶的人越来越多，包括西欧、东南亚等地区。从健康的角度来说，有数据表明茶比其他饮品更健康，特别是比咖啡好得多。在美国，有一对双胞胎，在政府的监督下，一个常年喝茶，另一个喝咖啡，最后发现，喝咖啡的比喝茶的体内的病害多。再加上喝茶也是一种品位的象征，是文明的体现。

4.风险分析

(1)资源(原材料/供应商)风险：农药残留风险及重金属风险

(2)资金链的风险：积压的商品不能卖出而不能得到货款

(3)竞争风险：其他茶店已经处于发展中或者发展成熟，并有完善的工作制度，而我们一切都还处于起步阶段

(二)服务打造

1.服务内容与服务模式

引领顾客在舒适的环境下,针对服务的特性和顾客的多样化特色,提供相应的服务内容与服务模式。

(1)程序化(迎宾的服务程序,点茶的程序,单据传送数据,送宾的程序,特殊事件的处理程序)。

(2)标准化(仪容仪表、言谈举止、礼仪礼节有关的标准,茶叶、茶具等的质量控制标准)。

(3)个性化(针对不同的顾客或不同的需求提供不同的服务,表现出我们的灵活性,善于对服务内容和服务手段重新组合,以灵活、优质、高效的个性化服务赢得客人的满意)。

(4)技巧化(有一定的人际关系处理能力以及丰富的茶叶、茶艺、茶文化知识和社会知识)。

2.SWOT 分析

(1)优势

①资源优势:在资源方面,相较于其他新兴茶店,具有第一手、绿色种植、健康种植的资源,完全排除了农药残留风险及重金属风险。从种植茶叶到茶叶成品实现了一体化,路程短,从供应商发货至仓库不会超过半天的时间。

②地理位置:位于重庆市渝北区两路中心地段,居民区聚集,交通便利,临近机场且靠近多家政府部门,潜在客户多。

③同规模茶店中优势明显:茶叶品质优良,种类齐全,经营方式新颖,集休闲、娱乐、商务于一体。

(2)劣势

①缺乏知名度。

②本店开业之初没有固定的消费群体。

(3)机会

①发展前景好:重庆市渝北区两路属于快速发展的地区,并且居民越来越多,市场空白大;行业进入门槛低,同类企业的竞争力较弱。

②经营环境好:重庆市渝北区两路中心地段基础设施完善,交通便利,人口流动较大,顾客容量大;政府政策支持,鼓励绿色企业的发展;群众消费理念开放,接受新事物的速度和能力强。

③家人的大力支持。

(4)威胁

由于门槛较低,茶楼的经验模式容易被模仿,同类茶楼出现概率较大;同属休闲娱乐业的其他产业发展成熟,占有较大的市场份额。

（三）本店策略

1.目标

实现创业目标，半年内打造自己的品牌，让人们都能知晓我们的产品以及服务。让大家都能享受到高品质的茶叶，满足顾客的要求。就像人们买手机总会想到苹果、华为；买电脑能想到戴尔、联想，我们要做茶叶中的星巴克。

2.产品策略

(1)主营产品

①绿茶、红茶、青茶、白茶、黄茶、黑茶。

②在发展一段时间后，我们会根据客户需要调整我们的产品。

(2)附营产品：茶具、茶点

3.货源渠道

4.价格策略

(1)成本导向定价法

①产品成本分析。

②租金。

③薪金。

(2)差别定价策略

(3)产品组合定价

(4)付款方式

(5)折扣及折让方式

（四）销售方案

1.推广方案

(1)做好招牌与名片

(2)大众传媒

(3)在开业典礼前的宣传工作

(4)开业后的关键

2.促销方案

(1)逢特殊节日举办活动造势

(2)非节假日和淡季促销法

（五）目标市场

1.重点目标消费者

2.辅助消费者群

（六）服务管理

1.人员策略

2.竞争人才

3.奖惩制度

（七）团队成员

（八）费用预算

（九）附录

思考题

1.什么是创新与创业计划？创新与创业计划有哪些作用？

2.一份完整的创新与创业计划书应该包括哪几方面的内容？

3.以小组为单位，制作一份创新与创业计划书。

项目九

创新与创业成功与失败分析

知识目标

1.了解创业的财税政策。

2.了解创业的融资模式。

技能目标

1.能够分析创业失败的原因。

2.激发创业潜能,提高创业能力。

学习重点

1.了解创业模式、融资模式。

2.了解创业失败的原因。

学习难点

如何打造一个良好的创业团队。

任务一 创新与创业成败的原因

中国现处于发展中国家向发达国家迈进的阶段，很多新型产业迅速兴起，在国家大力倡导“大众创业、万众创新”的背景下，中国政府推出了一系列促进创业的政策方针，除了营造公平竞争的市场环境外，还强化创业扶持，包括优化财税政策、丰富创业融资模式等。

一、创新与创业成功的原因

1.有明确的目标和一定的经验、资金

只有明确且经宣告的目标才能激发创业者所向披靡的力量。投资者希望创业者能为实现既定的目标而不断艰苦奋斗，同时也希望创业者努力利用各种合法的赚钱方式，实现盈利。创业者必须向投资者，不管是资金投资者还是人力投资者证明，自己的理想是赚钱，因为赚钱是检测个人成就的标准之一，让投资自己的人知道自己是一个成就型的创业人才，不会让他们的投资血本无归。

企业创业资金是指企业用于创业投资的资金。创业资金有多种获取渠道，如个人的投资、政府的资助、政府担保的银行贷款、大企业的投资、商业贷款等。企业创业要考虑自身的市场情况，根据企业所能承担的资金大小而起步创业。如果资金允许就可以加盟一些知名品牌。企业要想成功必须在成长过程中逐渐积累经验，吃一堑长一智，学会把握商业竞争中成功的秘诀。“单丝不成线，独木不成林”，一个企业的发展，免不了需要合作伙伴。

2.自身具备优良的品质

美国著名技术创新理论家考茨麦斯基说：“创业投资业的发展一刻也离不开创业投资家，高素质的创业投资家是创业投资的灵魂。”当今社会唯一不变的东西就是在不断地变化，唯有变化才能发展。对于一个创业企业而言，要想生存、发展，赢得一定的利润，自然离不开企业家敏锐的眼光、远见的卓识、勤奋的学习和良好的品质。得人心者，得天下，一个企业高层领袖如果没有这些品质，又如何服众。优良的品质将会决定企业发展的好坏。

3.善于学习和总结经验

企业创业者的经验和创业者所具有的学识往往能吸引创业投资者和一些内部员工，它在某种程度上能够帮助企业创业者积累人脉和人心，让人产生敬佩与信任。学识表现在多个方面，接受良好的高等教育能标志基本的学识。但总体而言，投资者更感兴趣的还是企业创业者的经验，能够从失败中吸取经验教训并产生新的发展模式，无疑对于创业投资者和内部员工而言，是一种由衷的钦佩。

4.要勇于承担责任

一个成功的企业，势必是一个敢于承担责任，让人信任的企业。企业只有具有良好的信誉，才能储备更多的人才，才能让企业品牌更加出众，从而让消费者和投资者信任、放心。每个成功的创业者都是出色的问题解决者。他们清楚地知道，企业发展责任落到自己身上，前进的道路，就需要他人的信任。

5.不爱面子

企业创业者都是一群“不要脸”的家伙，为了企业发展前景，为了事业成功，他们甚至愿意低声下去“求”员工，每一个成功领袖都善于运筹帷幄，善于察言观色，知道“小事不了，大事难了”的道理，这就是成功创业者的高智慧——不爱面子，善于客观地看问题。

6.有一定的肚量

人们通常认为，领导素质包括自信、自强和一定程度的以我为核心的能力。企业创业者拒绝做公仆，对企业内部员工总是摆出高高在上的姿态，无法容忍员工的错误和不敬，凡事都斤斤计较，这样的企业内部人员本身无法融洽，又谈何团体合作力量。企业的成功与创业者的个人肚量息息相关，拥有高能力的成功人士大多是高素质的人才，有人才才能发展高品质企业。

7.有一定的恒心和毅力

让企业创业者一直坚持的，往往就是胜利的诱惑。他们有自己想要实现的目标，相信自己只要努力，前途就是光明的。他们就会显现出旺盛的精力和强烈的事业进取心。对于他们而言，这不仅能培养自身的“内功”，也能让自己走向辉煌。

8.有敢于冒险的勇气

勇气，是一种内心的精神力量，不是每个人都能拥有的。有些想要创业的创业者仅仅只是有想要创业的思想，但没有付出行动的勇气和敢于面对失败、风险的勇气。每一个成功的创业者都不是凭空想出来的，他们也不是完全一帆风顺的，创业初期也一定承受着会失败的风险，但依然敢于冒险，不放弃，这便是成功创业者的勇气。俞敏洪成立新东方也曾面对过失败，马云也曾面对过失败……每一个成功的背后，都需要承受失败的勇气。

9.善于沟通，有良好的人脉关系网

有一则对成功人士的调查显示，只有20%的人认为自己的成功是得益于聪明的大脑与过人的天分，而有80%的人认为自己的成功得益于优秀的沟通能力。这个世界上没有多少人是天才，即使是天才，没有较好的沟通能力，也无法从人群中脱颖而出，让人认识到自己的天才所在。除此之外，集体的力量、良好的人际关系也是至关重要的。泽林斯基说过：“学会集体工作的艺术。在今天的科学中，只有集体的努力才会有真正的成就。

如果你一个人工作,即使你有非凡的能力,你也不能在科学上做出巨大的发现,而你的同事将始终是你的思想的扩音器和放大器,正如你自己是集体中的一员也是别人的思想的扩音器和放大器一样。”

10.有良好的心态,有足够强大的恒心和毅力

不甘于人后,有强烈的成功欲望,并为了满足这种欲望而不懈努力。一个创业者如果具备坚定的恒心和毅力,即使遇到再大的挫折、难题都不会轻易退缩。人的强大并不是拥有多少资金、多么显赫的地位,而是拥有强大的内心。无坚不摧的内力,总是能排除万难。承受了失败的成功,才会体会到胜利的甜蜜。

11.合理安排时间和制订正确可行的计划

恩格斯曾说:“利用时间是一个极其高级的规律。”人生最富贵的资产就是时间,善用时间的人注定是赢家。成功的企业家花在工作上的时间往往很长,并热衷于这样的工作,工作同时也是生活,他们会安排日常工作的时间和与亲朋相处的时间,并在工作中保留他们个人的生活时间。

12.有一个互信的团队

一个新成立的公司,特别是创业公司,它的核心毫无疑问是创业团队。公司的成长也是这个团队的成长。对于任何一个团队,未来都是未知数,需要面临太多的挑战、危机,甚至会影响自己的家庭和职业生涯。所以,创业团队首先要互信。在创业过程中,创业者需要竭力维护这种互信。这是职业创业团队和家族式团队的区别。家族团队之间的信任,是建立在亲情关系上的,这种方式并非不可取,当企业真正做大后,难免会有许多历史遗留问题。所以,一个有管理经验的创业者,应该选择一个职业的创业团队,这对于企业的发展会有很大帮助。

13.有很好的创新与创业机遇

任何企业想要成功,很好的创新与创业机遇是必不可少的。

正如雷军在小米手机发布会上所说的,只要站在风口,猪也能飞起来。他能说出这句话,我想与他的创业经历是息息相关的。他用了 16 年的时间效力于金山,但是金山在互联网领域的发展却始终不温不火,直到搭上了游戏的末班车,金山才在互联网行业扬眉吐气,实现了上市。金山成功了,也意味着雷军的成功。但这却是他用了 16 年的坚持与煎熬取得的,相比之下,他离开金山之后,转行天使投资人,并创办了小米手机,仅用了一年半载的时间就使小米手机在市场上取得了不俗的反响。连他自己也认为,是他赶上了智能手机的发展机遇。

不想当将军的士兵不是好士兵。很多年轻人都想创业,可是创业并不是一件容易的事情。在创业的大军中倒下的失败者也不少,成功的也不乏,总结成功的案例发现成功离不开天时、地利、人和的因素。

二、创新与创业失败的原因

1.没有分析需求就贸然开发产品

42%的失败创业公司出现过这个问题:创始人执着于执行自己的创意,却没有弄清楚创意是否符合市场需求。Patient Communicator 的创始人说:“我发现实际上我们没有客户,因为没有人对我们开发的产品感兴趣。就像医生需要更多的病人,而不是一个效率更高的办公室。”

2.融资烧完,无法获得新融资

资金是企业经济活动的第一推动力也是持续推动力。企业能否获得稳定的资金来源、及时足额筹集到生产要素组合所需要的资金,对经营和发展都是至关重要的。但民营企业发展中遇到的最大障碍是融资困境。大约 80%的被调查民营企业认为融资难是一般的或主要的制约因素。在创业阶段,90%以上的初始资金都是由主要的业主、创业团队成员及其家庭提供的,银行贷款和其他金融机构或非金融机构的贷款所起的作用很小。这种中国式创业融资模式与国外有很大差异。美国全国的数据和州一级有关企业融资的数据都表明,即使对最年轻的公司来说,内部融资也不会超过外部融资。在那些开业不久的中小型企业(创业 0~2 年)中,内部融资额的最高限度大约占资金总额的 54%。

3.团队缺乏能指挥大局的人物与分工不明确

23%的失败创业公司都缺少能够指挥大局的人物。这个原因很有趣,大多数风投表示,投资之前首先考虑的是团队,其次才是创意。创业做大做强是远景目标,现实中却要解决很实际的问题。创业者在这方面要把握好,创业团队中每个人的角色不同,那就注定了承担的责任也不尽相同。

4.竞争力不足

风险资本家、亿万富翁皮特·泰尔(Peter Theil)建议创业公司一开始就规避竞争,进入其他人没有尝试的领域。约 19%的公司没有这么做。Blurtt 的创始人说:“我开始感到筋疲力尽。我是公司的领导者,但筋疲力尽令我感到无助,失去了创新能力。”7%的创业公司因执着于一个糟糕的创意而失败。许多创业者在中途于两个战略之间举棋不定,明知其中一个战略能够取得成功,却未能大胆执行。

5.创业者目光短浅,忽视前景发展

哈佛商学院教授克里斯坦森(Clayton Christensen)指出,过于听信客户会导致大公司失败。然而,14%的创业公司因忽视了客户最终失败。创业者目光短浅,不从发展的角度看待项目,错误地度量投资项目的生命力和生命周期,在升级换代日益加速、产品淘汰速度越来越快的现代,盲目创业,必致惨败。在分析投资的客观环境时,发展前景和能否顺利开展是创业者绝对不可忽视的因素。

任务二 创新与创业成功案例及分析

大学生毕业,告别神圣的学府,走向那个万花筒般的大千世界。以前毕业生大多数蜂拥进大机关、大企业拿铁饭碗,但随着大学扩招,大学生就业多样化已成为社会的趋势。在实践中摸索经商之路,其实也是一个不错的选择,这已经成为不少大学毕业生的就业取向。以下是几位大学生的创业经历,他们的经验值得借鉴。

一、任务目标

当前,我国正在开启一个"大众创业、万众创新"的新时代,创新与创业教育已经成为包括高等职业技术学校在内的各级各类高等学校的重要使命。创新与创业教育以培养大学生的创新意识为目的,是当代素质教育时代特征的体现。本任务通过介绍大学生创新与创业成功案例,深入分析大学生创新与创业成功的原因,以期激发高职学生创新与创业的激情和梦想,帮助他们树立信心,使他们能勇敢地去开展创新与创业实践。

案例 1

U 尼课表灵活利用大学生课余时间安全兼职

这个创新项目是在校学生通过使用超级课程表触发的灵感,通过调查发现,大学生们兼职普遍,但兼职来源又不可靠,于是学生团队想到为大学生们提供一个既安全又放心的平台,为他们介绍可靠又值得信赖的公司,低利益、高效率地为有理想有抱负的青年们服务。

这个平台可以带领当代大学生从封闭单纯的校园走进复杂的社会,增加社会阅历,从而锻炼个人的能力。大学生们在其中还可以赚取一定的经济收入,减轻家里的负担,从而培养自食其力的能力;还可以丰富自己的大学生活,养成良好的作息习惯,树立积极的生活态度;还可增加社会实践的经验,积累人脉,为将来成功就业打下坚实的基础。不仅如此,这个平台还在把兼职拓展到为大学生们完成顶岗实习方向努力。

当前社会,兼职软件众多,许多大学生由于缺乏社会经验和阅历,警惕性不高,在兼职广告满天飞的情况下,看到条件优厚的兼职广告,若不了解具体情况,很容易上当受骗。还有的兼职中介公司,要收取高额的费用,才能介绍一些兼职给你,与大学生签订一个简单的"协议",但是这些"协议"完全不具备法律效应,只是"口头协定",之后大学生们"埋头苦干",却不会去思考对方若是拒不承认,自己不就成了"廉价劳工""免费劳力"。U 尼课表充分地利用学生课余时间的同时,还保证了兼职的有效性。

在这里,U尼课表与企业达成协议,大学生们的工资由平台来分发,绝对不会拖欠学生劳动力,而且U尼课表对接的企业都是具有营业执照的正经公司,拥有的信息也绝对准确,还会实时更新,随时与公司保持联系,定期更新公司相关信息。这些都是其他中介公司做不到的。

U尼课表,一款每个大学生都会用到的课程表APP,巧妙地增加了大学生兼职功能,该项目完美地契合了大学生的需求,市场前景较为广泛,创意性很强,符合互联网金融的特性。

【点评】

没有"小",就没有"大"。"以小见大",生意经依然。沉得住气,一点一点地积累资金和经验,肯定有发迹机会。纵观"世界500强"的发家史,无一不是从小本生意做起的。下足功夫掘到第一桶金,才有第二桶金、第三桶金。小本生意,较适合学生创业的实际。既然是小本生意,资金筹措较容易,经营运作也不难。如一起步就做大买卖,一旦败走麦城,打击是很沉重的。其实,若经营得好,小本生意的利润并不少,如一些卖重庆小面的摊贩。

案例2

研究游戏规则,防患于未然

学服装设计专业的Rose,在大学期间已获得校际服装设计奖。一毕业,她就和两个同学开了一间服装店。Rose有专业知识,时尚触角敏锐,眼光独到,服装店的生意蛮不错。后来三人又合股开了间小型制衣厂。但是,同患难不能共富贵,生意做大了,反而引发了矛盾。利润如何分成、如何处理退股、服装设计的专利如何使用等,当初三人均没有做明文规定,矛盾激化后,合伙人之一Joey要求退股抽走资金。由于没有合同,大家在利益上各执一词,互不退让,闹得满城风雨。最终在双方好友的调停下,才得以解决。吃一堑,长一智。Rose说若再有朋友参股,她将不会只认老友、不讲游戏规则了。

阿海的遭遇更惨。他先是帮学长老友管理快餐店,不久后将一笔钱投资进去。但口头上说是投资,在立字据时却没有写清楚,到年底分红时,昔日的老友反目不认账,说是借款,不肯分红给他。后来快餐店生意一落千丈,阿海没有及时追讨那笔钱,又错过了民事诉讼的两年期限,于是那几万元便如泥牛入海。

其实,合伙人做生意最终不欢而散的例子俯拾皆是。别说同学、朋友,连亲戚、父子都"无情面讲"——谁叫你当初不多留几个心眼呢?初涉商场,交点学费在所难免,但如果能防患于未然,就减少了不必要的争拗和损失,创业之路会走得更顺利。

【点评】

大学毕业生和一切从事商务活动的人,都要学习有关的法律、法规,依法规范自己的商业行为。法盲者必吃亏！这不是危言耸听，假如Rose和阿海掌握并懂得运用相关法律条文，就不至于处处被动，甚至血本无归。前车之鉴，值得记取。学生思想较单纯，又缺乏社会经验，往往感情用事。殊不知，这正是商家所忌。俗话说："害人之心不可有，防人之心不可无。"在生意场上，样样都要按章办事。

案例3

及时调整心态，过好心理关

阿辉出生于一个富裕的家庭，在大学读书时，他没有住进大学的集体宿舍，而是住在由父母出钱租住的单间学生公寓，过着令人羡慕的生活。

大学毕业后，阿辉没有像很多同学那样挤考公务员的独木桥，而是立意闯世界。因为酷爱读书，在父母资金的支持下，阿辉开了一间小书店。挑铺位、装修及领取营业执照等，已令他筋疲力尽，身子像散了架似的。最令他头痛的是跟风进了一批曾经畅销的《××哈佛求学记》等几种书，但一直难以销售出去。而且，由于书店在居民区，而他进的多是阳春白雪类的书，所以生意可以用惨淡来形容。几经折腾，他有点沉不住气了，"关门不干"的念头常常冒出来。做生意的父母对儿子情绪上的波动看在心里，他们不想儿子半途而废，而是鼓励他坚持下去，有个经验也好；而且给了他一个定心丸——资金上尽力支持。于是阿辉的干劲又来了，经过一段时间的观察和调查，他把书包扎起来放一边，来了一个大转营，经营影碟出租，倒也顾客盈门，这时他才掂量出创业之难——要把生意做"生"，除了资金外，还需要很多东西配合。

【点评】

阿辉的创业经历很能说明问题。从大学生到小老板，是很大的角色转换，只有尽快缩短转换期，才能现出成功的端倪。为此，在创业前及在创业过程中，必须树立和强化信心意识、磨炼意识和自强意识。从某种意义上说，思想准备比资金准备更重要。

二、大学生激情创业范例与专家点评

"创业"这个词，当你下定决心去实践时，它的形状是方正的，你说它的口气都带着三分自信七分雄心；但当你真正实践时，它的形状又是圆滑的，让你感觉难以把握甚至有些稍纵即逝。但这丝毫不影响年轻人的热情，他们不甘平淡，他们锐意进取，他们要将智慧的灵光转换成现实的生产力。

在广州市地王广场的"广州地区大学生就业创业基地"，我们看见了这些激情洋溢的年轻人和他们业已成型的创业方案。本节选取三位大学生的创业个案，只是其中很小的一部分，我们不妨视其为三滴晶莹的水珠，充满活力，且能通过它们，折射出年轻人创业的光芒。

案例 4

创业者:冼小菊

冼小菊,女,广东技术师范学院计算机应用与财务管理专业大三学生。

"当我告诉同学即将开小店时,他们说愚人节不是已经过了吗?"冼小菊带着自信而自豪的微笑说。毕竟,从 3 月 20 日竞标到 4 月 18 日开业,从单纯理想抵达创业实现,只用了不到一个月的时间。

小菊坦言自己害怕在别人的公司里遭遇失败,而创业能为自己以后进入社会打下基础。她和朋友创办的 www.kupe.net(酷派商务网)已经在同学间流行,他们希望"酷派"不仅出现于虚拟的网络世界中,还能出现在现实世界里,因为实实在在的店铺能够弥补网络虚无的一面。

以"酷派电子商城"为载体,实现虚拟和现实结合,这是小菊的梦想。他们经营的商品主要包括个性小家具、数码产品、公仔饰物等。另外还可以提供各项软性服务,包括光盘刻录、MP3 录制、相片加工、制作相册等。另外,他们可以为企业、个人设计网站,为年轻一族或毕业生制作有个人风格的网站或求职网站等。

"酷派之音"的店面前是一根差不多遮住五分之二门面的柱子,这本是店铺的一大缺陷,却被小菊和她的伙伴们拿下来作为张扬个性、宣传店铺的载体。黑白分明的三个年轻人的面孔,在吸引顾客眼球的同时,也承载着青春的张力。

店名:酷派之音。

前期投入:基于商务网已经有一定的货源,再联系厂家拿代理权,所以货源投资不用很大。

装修:自己设计、买材料,并亲自动手装修,将预算减到最小,预计 1 000 元左右。

【点评】

创业者"自己设计、买材料,并亲自动手"符合创业精神,值得赞扬!店面广告宣传的方法新颖,以"服务带动销售"的经营模式可取,创业者的策划能力较强。建议创业者密切关注提供服务与产品销售业务的关联性,实现"网上导购选货,店面交易和送货上门交易"等有效经营,思考如何选择具有独特卖点及免后续跟踪服务的低价产品进行主力销售。但此类创业要考虑存在的版权问题。

案例 5

创业者,刘庆文

刘庆文,男,华南师范大学美术专业大四学生。

"展现活力和自由,满足人的成就感",听着这句创业理念,带着对美术系男生的惯性认识,想象中的刘庆文应该是个性飞扬的,否则也不会搞出这样一种把个性穿在身上的创业方式。然而他却是踏实稳重的，于千万毕业生中一步一步地经营着自己的理想。

“以前曾给别人打过工，强烈地感觉到自己创造价值和所得收入之间的差距太大，所以我希望尝试创业，通过这种方式证明自己的实力。中国现有15~28岁的学生及青年群体超过3亿人，他们对流行时尚感兴趣，易于接受新生事物，渴望摆脱千篇一律的穿着表现自我。”刘庆文与同学一起合作，自己设计各种图案或根据顾客的需要设计图案，然后印在T恤上。“想印就印，印出你的风采”是他们响亮的口号。在凤凰花开的6月，制作各种毕业纪念品也是他们考虑的生意范畴。

刘庆文说现在切身体会到创业的艰辛，很多琐碎的事情堆积到一起足以让仍在校学习的他疲惫不堪，这还只是个开始。但他有信心发挥自己的特长，把第一次创业做得有声有色。

店名：酷的印象坊。

前期投入：电脑，有自用电脑，无须购买：购买二手打印机花700~800元；计划花1 500元左右购买二手数码相机；扫描仪需300~400元。

宣传费用：①采用网上购物的方式，网站制作维护费用1 000~1 500元。②传单发放，主要在高校里宣传，费用1 000~2 000元。

装修：自己设计店铺，请人装修，费用2 000元。

【点评】

该创业点子迎合年轻人时尚和个性化追求的市场需求，国内外都有很多成功例子，是做精品与特色的好方案。此类个性化产品，虽然制作成本不高，但销售数量受限，不适宜批量生产，因此店面选址十分重要。如果网上购物为主要营销渠道短期内难有好效果，建议立足于店面营销，突出精品和特色，让所有顾客有“只要轻轻一瞥就想停下来看个究竟”的感觉。

案例6

创业者，叶光伟

叶光伟，女，广州大学中文系大四学生。

有着男孩名字的叶光伟，是开朗而自信的，这是她说第一句话给我们的感觉。也许正是这两种特质，成就了她的创业冲动。

“每个人都有创作欲望，如果能把这种欲望释放出来，会让人心情舒畅。”而对她而言，她希望这次创业能为自己的记忆留下一些精彩的东西。

叶光伟留意到，身边很多人都热衷于自己动手制作礼品，所以她选择出售手工艺品的制作材料，以海洋贝壳类为主。而她们所做的工作是将原材料制成半成品，并给顾客提供将半成品加工成各种造型工艺品的方法、材料和工具。最终的成品由顾客亲手制作出来。他们希望通过这样的方式来传达一种情感，毕竟亲手制作的成品送给朋友会更有意义。

在进货的过程中，叶光伟体会到了以前作为顾客所无法体会到的酸甜苦辣，同时也加深了对市场运作的认识。把灵感转换为现实生产力，这个过程要用智慧和汗水填充。

店名：传情达意。

前期投入：1 万元左右。

制作材料：占 40%。

宣传费用：占 20%，包括利用网站进行宣传，在学校和一些年轻人居多的公共场所发放传单，通过组织各类活动推广商品，可以将商品作为奖品，也可以把商品直接嫁接到活动内容中。

装修：找朋友装修，花费 2 000 元左右。

【点评】

工业品的价值在于"独特"和"新颖"，贝壳类工艺品的天然和环保特性已被消费者接受。创业者策划经营的半成品受人青睐的关键是给了顾客一个参与制作的机会，该产品制成方案可能是一个启迪，顾客的制作创新是特别需要渲染的。好主意！建议创业者专注产品方案开发，扩大顾客参与的延展性，多考虑店面营销外的其他营销方式，以达到提高质量、实现赢利的目的，若创业者能把产品纳入少儿学校的手工课程中，作为学习道具，可能盈利不俗。

任务三 创新与创业失败案例及分析

一、任务目标

本任务通过回顾大学生创新与创业失败案例，深入分析大学生创新与创业失败的原因，启发高职学生在创新与创业过程中不简单复制一个已经成功或者正在成功的模式和实践做法，而注意吸取教训，避免错误尤其是避免那些自己难以承担后果的错误，从而提高创新与创业实践的成功率。

案例 7

估值 1 亿美金的"罗辑思维"创始人为何分手

"罗辑思维"作为自媒体，被评为"2015 年最火的自媒体之一"，其发展令人惊叹。

"罗辑思维"视频在优酷上的总播放量达到 7 050 多万,微信公众号订阅数量达到 110 多万,最吸引眼球的则是两次会员招募,共有近 3 万会员贡献了近千万元的会费收入,并有人给予其一亿美元的估值。这样的自媒体为何最后会资金解散?从创始人申音所提到的"罗辑思维"到五个教训(没想清楚久做 APP,不理解合作平台的逻辑,患上"第二产品综合征",要自由、不要捆绑,妄念太多)来看,其中没有想好就"开干"非常致命。用魅力人格建立品牌是非常好的想法,但是做知名度传播相对简单,最终把影响力变现就非常困难,对于大多数自媒体来说,无法复制,也无法恒久。

创业者不自觉地追求不确定性,觉得自己做的东西有无限可能,但对投资人来说,你的商业逻辑一定是确定性的。当你越有无限可能时,他越要问你最有可能实现的是哪个。

你发现互联网的逻辑看似很奇怪,比如腾讯做社交产品可能不赚钱,它赚钱的都是其他的事情。但是它如果不做社交这个东西,其他的东西就赚不到钱。我们想做一个社群,你问这个社群要干什么?我也不知道。我想 QQ 也不知道它今天要做的事情。

过早想商业化其实就是妄念。你越想赚钱,赚的都是短期的钱,都是现在的钱。其实还是要找一针捅破天的那个东西,我们还在寻找,这个过程挺痛苦。

还记得罗振宇曾经的那个比喻:"不要去当什么硬盘,因为它被装在了主机里。要当什么?U 盘。'自带信息,不装系统,随时插拔,自由协作。'这是我们的未来。""罗辑思维"一直在讲自由人的自由联合,恰恰是罗辑思维的协作出了问题,最终导致出现分崩离析的现象。因为太过自由的联合,不会有持续的凝聚力。

二、大学生创业失败案例解析

1.案例故事

(1)初次创业,3 月倒闭

作为互联网的骨灰级爱好者,王磊 1999 年还在上高中,第一次接触网络就痴迷地爱上了它,并立志在这个行业里发展自己的事业。大学毕业,别的同学都在忙着找工作就业,王磊却报考了 MCSE(微软系统工程师),强烈的兴趣爱好和刻苦的学习使他成为一名软件编程的高手,并且在圈子里小有名气。很快就有人来找王磊做一些程序开发和网站建设的活,看到自己的技术很有市场,并且收入也很乐观,王磊便萌发了创业的念头。于是头脑一热,他找到两个同是程序员的朋友,三人凑了 3 万块开办了自己的第一家公司。

王磊是程序开发的高手,但他并没有管理公司、市场营销的经验,而他的两个合作伙伴的情况也是如此。很快王磊就发现经营公司和自己接私活区别很大,自己接私活没有什么成本,可开公司却需要支付房租、水电费、人员工资。更糟糕的是,他们三个都是只喜欢埋头编写程序,而不愿意和客户打交道的人,都没有和客户打交道的经验,根本不懂得怎么从客户那里拿到订单。有一次,有位客户需要开发一个程序,王磊他们给客户的方案技术很先进、功能很强大、界面很超前,当客户提出这个程序并不需要实现如此强大的功能,并且希望能大幅度降低开发成本时,他们却坚持不接受客户的意见,甚至认为客户是外行。最后,王磊不但失去了这个订单,而且还得罪了这个客户。

公司开业几个月了,一直没有像样的业务,接的几笔小订单的收入根本不够支付公司的开支。慢慢地,王磊的两个合作伙伴因为看不到公司盈利的希望,先后提出要退股离开公司。不愿轻易放弃的王磊想方设法地鼓励两个伙伴坚持下去:"公司赚了钱是大家的,如果赔了钱就算我自己的。"王磊还停发了自己的工资,把公司仅有的一点收入都给了两位合作伙伴。可最终王磊的承诺和实际行动并没有挽留住合作伙伴,因为尽管王磊说得好、做得好,可毕竟公司不赢利,大家仍看不到希望,自然没有坚持下去的信心。仅仅过了三个月,当初开公司凑的三万元就花光了,两位合作伙伴也离开了公司,王磊自己也坚持不下去了,就这样他迫不得已关闭了公司,不情愿地结束了自己的第一次创业。

(2)与人合作,再遭挫折

第一次创业失败的王磊并不沮丧。相对于经营的成败,王磊更关注技术的发展。他敏锐地预见到PHP技术在未来互联网程序开发中的良好前景。关掉公司后,王磊立即前往北京的一家专业机构学习PHP程序发展技术。虽然经营公司王磊并不成功,但学习技术他却游刃有余。很快王磊就熟练地掌握了PHP的关键技术,成为这家机构的技术骨干。这时,一位在家乡经营医院并曾与王磊合作过的老板,看好王磊的技术能力,也看好电子商务和互联网技术的市场前景,主动联系了他,提出由自己出资合作开一家互联网技术公司,王磊出任公司的总经理并负责公司的管理运营。仍怀有创业梦想的王磊欣然接受邀请,辞去工作,回到家乡开始了第二次创业。

2006年12月,由王磊出任总经理的零点网络科技公司正式成立。这家公司前期的业务主要是给合作老板经营的医院提供技术服务和电子商务支持。王磊领导公司为这所医院开发了系列管理软件,建设了一个功能完备的电子商务网站,并通过互联网为这所医院推广特色医疗服务。由于有老板的支持和稳定的业务,公司的经营和收入都比较稳定。作为年轻的创业者,此时的王磊已经有房有车,并领导着一个十几人的团队。可天性不安分的王磊不满足于自己高超的技术仅仅做些简单的程序开发。于是王磊设法说服老板支持他尝试新的业务领域和经营项目。

在征得同意后,王磊觉得终于可以利用自己的技术优势施展拳脚了。他的第一项举措就是做了一个破解网站,这是技术性非常强的项目。王磊投入了极大的热情,他觉得终于为自己的技术找到了一个施展的平台,可是正忙得不亦乐乎的王磊,却忽视了一个重要的问题,就是这个破解网站在短期内是很难赢利的。在老板的多次提醒下,他意识到作为公司必须要做有良好赢利能力的项目,于是他暂停了破解网站,转而把目光投向了大学生互联网市场。脑袋一热的王磊根本就没想好到底经营什么项目,就花了20万元买下了一个热门的域名,然后做了一个大学生校园门户网站。他当时的想法很简单,打算利用自己为医院服务的资源优势,继续用这个网站推广医院的特色医疗服务。可在运营网站时,王磊再次犯下第一次创业所犯的错误,把精力主要放在网站的技术上,并不关注网站的运营推广，再加上他的团队也没有运营校园门户网站的经验，最后尽管网站在技术上非常领先，但却并不受大学生网友的欢迎。网站在运营的一年多时间里，流量一直没有良好的增长，医院在网站上做的广告也没有什么点击量。

王磊，东一榔头西一棒槌地折腾了一年多时间，投入了几十万元，却一分钱的收益也没有带来。与他合作的老板坐不住了，老板多次找王磊严肃地谈话要求他老老实实地为医院做好技术服务和电子商务支持。对合作伙伴的责难，王磊很不服气，他相信自己的技术，可以做更多更高端的项目。就这样，他们的分歧越来越大，老板索性接管了公司的财务，停止给王磊所经营的新项目投入资金。事情闹到这个局面，王磊觉得很伤自尊，认为合作的老板不尊重自己的技术能力。于是他主动提出放弃在公司的所有权益，离开了公司。

(3)再次创业举步维艰

离开零点网络科技公司的王磊，心里憋着一口气。回想起第一次创业时，合作的伙伴离开了自己，第二次与人合作对方又不支持自己，他决心不再与他人合作而选择独立创业来证明自己的技术能力一定能创造价值。王磊拿出了自己几年来的积蓄，注册成立了第三家公司，网讯科技有限公司。

公司成立了，可做什么项目呢？王磊的老习惯是先把摊子铺起来再考虑具体干什么，由于有从事医疗行业的经历，王磊决定继续从事医疗行业的互联网工作。他果断承包下某知名医疗网站在本区域的运营权，再次组建了一个十几人的团队，准备通过运营网站来实现盈利。可王磊似乎并没有吸取之前的教训，在网站运营中，他的精力和关注点始终放在技术上，面对市场和销售提不起兴趣。结果可想而知，一年后公司投入了30多万元，可网站的运营却没有带来盈利。眼看公司的资金已经枯竭，盈利之日却遥遥无期。这个结果最终触动了王磊，他被迫停止了这家网站的运营，辞掉了公司所有的员工，自己也陷入了深思。三次经营企业的惨痛经历，使王磊明白，自己作为一名技术人才，其实是不适合做运营的。可自己毕竟已经选择了创业之路，如果不想放弃，未来的出路到底在哪里呢？

2.案例评析

本案例的创业者，王磊是一名性格鲜明、专业突出的技术人才，出于对互联网行业的兴趣和热爱，他利用自身的技术优势选择在这个行业里创业。在经历了软件开发技术服务和网站运营等失败后，王磊总结出创业仅有好技术是不够的，还必须有企业运营管理和市场销售等关键要素。

专业技术人才有着自身的优点，他们文化水平高，有很强的自主学习能力，不但思维活跃，而且是潮流的引领者，更有用于IT技术的超强能力。但技术人才同样存在短板，比如缺乏经验、没有项目、喜欢纸上谈兵以及心理承受能力差等。虽然市场商机无限，但对资金能力和经验都有限的技术人才创业者来说，创业并非想象的那么简单。在这种情况下，技术人才创业，只有根据自身的特点，找准落脚点才能找到属于自己的创业天地。作为技术人才，如果自己在某一领域有科技成果和技术优势就可以利用其成果走科技创业的道路。但是并不是每个技术人才都有足以支撑创业的技术优势，退一步讲，选择一个与专业领域相关的创业项目，也是非常不错的选择。客观地看，技术人才，感觉创业很容易，但他们必须明白技术只是公司整体运营要素的一个组成部分。一个创业者没有好的素质修养的储备，没有对整体战略的把握，没有对企业总体方向的规划，没有较强的市场销售能力，只有技术是不行的。

选择什么样的创业项目，确立什么样的业务模式，这是所有创业者必须严肃对待的问题。市场上成功的创业者和成功的经营模式比比皆是，但如何根据自身的特长、资源、性格等因素，选择真正适合自己的创业项目，仍然是很多创业者所面临的难题，也有很多创业者，因为选择创业项目过于盲目而饱尝了失败的苦果。到底什么才是好的创业项目和经营模式呢？其实并没有统一的答案。创业者成功的经验和失败的教训告诉我们，最好是选择符合创业者自身实际情况，自身拥有相应的资源且创业项目与自身的兴趣爱好相符，同时自己的性格和能力能够驾驭的创业项目和经营模式。

参考文献

[1] 李炜,李伟,杨俊霞,等.就业与创业指导[M]. 北京:机械工业出版社,2012.
[2] 李永峥.就业指导与创业教育[M].北京:清华大学出版社,2014.
[3] 孙洪义.创新创业基础[M].北京:机械工业出版社,2016.
[4] 顾庆良.企业家和创新创业精神[M].北京:北京大学出版社,2016.
[5] 陕西省职业技术教育学会"双创"教育课程编写组. 大学生创新创业基础:高职版[M]. 西安: 西北大学出版社,2016.
[6] 杨仕勇.高校辅导员论创业教育[M].合肥:合肥工业大学出版社,2016.
[7] 王文生.简述创新创业思维的内涵及培养策略[J].湖北函授大学学报,2016,29(9):1-2.
[8] 陈标金,李胜文.大学生创业思维的内涵与培育途径[J]. 教育探索,2016(10):57-60.
[9] 施庆晖.互联网思维下大学生创新创业意识培养路径探究[J]. 黑河学院学报,2017(3):118-119.
[10] 付忠臣.创业教育与大学生创业思维培养[J].亚太教育,2016(20):48.
[11] 韩国文.创业学[M].2 版.武昌:武汉大学出版社,2015.
[12] 朱恒源,余佳.创业八讲[M].北京:机械工业出版社,2016.
[13] 吴捷,钱伟荣. 创新心理学[M].北京:北京师范大学出版社,2017.
[14] 唐平,马智萍.高职大学生创业教育研究[M].北京:清华大学出版社,2016.
[15] 亚洲职业教育研究院.财经法规与会计职业道德[M].北京:清华大学出版社, 2016.
[16] 唐德海, 常小勇.从就业教育走向创业教育的历程[J].教育研究,2001(2):30-33.
[17] 木志荣.我国大学生创业教育模式探讨[J].高等教育研究,2006(11):79-84.
[18] 张永成.创业与营业[M].北京:京华出版社,2008.
[19] 罗国华.中国中小企业产品结构转型升级策略分析[J].中小企业管理与科技(下旬刊),2012(4):210-211.
[20] 孔思凡.企业现金流断裂成因分析及建议[J].中国市场,2014(31):115-116.
[21] 冯丽霞,王若洪.创新与创业能力培养[M].北京:清华大学出版社,2013.
[22] 张涛.创业教育[M].北京:机械工业出版社,2007.
[23] 刘翠英.职业生涯设计与就业创业指导[M].北京:机械工业出版社,2010.
[24] 薛艺,乔宝刚,张静.创行:大学生创新创业实务[M].青岛:中国海洋大学出版社,2016.